내 마음도 모른 채
어른이 되었다

융 심리학으로
다시 쓴
어린 왕자

로베르토 리마 네토 지음
차마리 옮김

내 마음도 모른 채
어른이 되었다

추수밭

한 그루의 나무가 모여 푸른 숲을 이루듯이
청림의 책들은 삶을 풍요롭게 합니다.

책의 그림을 그려주고
여러 달 동안 책을 꾸며준 것에 감사하며
우리 귀여운 공주님,
딸 줄리아나 리마 네토에게

마음속 깊은 곳에서 흘러나오는 행복의 근원

로베르토 리마 네토는 매우 창조적인 사람으로 그의 생애가 이를 증명해준다. 그는 늘 다른 사람들보다 한발 앞서 나갔으며, 어느 누구도 앞으로 나아가는 방법을 알지 못했을 때도 그랬다. 그는 항상 자신의 삶 속에서 발견했던 문제들과 씨름하는 사람이다.

그는 행정가, 협상가, 정치가로 역량을 발휘했다. 우리는 로베르토의 내면에서 성공을 위한 자질, 승리로 가는 길을 볼 수 있다. 이 책에서 그는 우리에게 성공할 수 있었던 이유를 명확하게 보여준다. 그는 무의식에 말을 걸 수 있는 능력을 지닌 사람이다. 스위스의 유명한 심리학자 융에 따르면, 우리 모두에게는 무의식의 가장 깊은 곳에 어떤 영적인 수호자 곧 '다이몬'이 있다고 한다. 우리가 마음속 깊은 곳의 다이몬과 대화에 들어가면 실존의 가장 중요한 문제들에 대한 답을 발견할 수 있다.

융은 '적극적 명상'이라는 방법을 창안했다. 우리는 이 방법을 통해 우리 무의식의 현명한 부분 곧 '진아Self'와 아주 창조적인 대화를 시작할 수 있다. 이 책에 등장하는 어린 왕자는 이 진아를 상징하고 있다. 그는 마술적인 힘을 가진 아이라서 마르지 않는 상상력과 창조성의 원천을 가지고 있으며, 문제들을 해결할 수 있는 능력을 지니고 있다.

나는 이 책이 우리가 진아와 창조적인 대화를 나누고, 우리의 직관을 최대한 활용할 수 있는 방법을 가르쳐준다고 믿는다.

의심할 것도 없이 리마 네토는 타고난 통찰을 가진 사람이다. 우리가 어떤 직업을 가졌든 우리는 내면에 지닌 이런 특성을 발전시키는 법을 그에게서 배울 수 있다. 경쟁이 치열한 오늘날의 세상에서 '에우다이모니아Eudaimonia(그리스 말로 '행복')'를 찾기 위해서는 자신의 다이몬과 대화를 나누는 법을 배워야 한다. 확실히 다이몬은 행복으로 가는 가장 좋은 길을 보여줄 것이다.

파울라 판토자 보에차트Paula Pantoja Boechat[1]

《어린 왕자》를 쓴 생텍쥐페리의 마음

모든 예술 작품은 다른 눈으로 읽힐 수 있으며, 다양한 해석을 통해 감상될 수 있고, 이를 통해 우리가 이 지구를 거쳐 갈 수 있게끔 도와주는 중요한 통찰을 낳을 수 있다. 영감을 불어넣는 책이라면 우리가 삶이라고 부르는 이 여행길을 편하게 만들어줄 수 있을 것이다. 《어린 왕자》는 가볍고도 심오한 책이다. 그것은 아이들에게 가볍다. 아이들은 사랑스러운 모습을 한 어린 왕자의 단순한 이야기에 빠져든다. 그런데 그것 안에는 보물이 감춰져 있기 때문에 심오하다. 이 가르침을 소개하는 중에 우리는 세계의 많은 신화들과 성서 안에 있는 여러 이야기 사이의 유사한 내용을 찾게 될 것이다.

이 책에서 우리는 신을 말할 참이다. 내가 이 책에서 여러 번 언급할 신에 대해 좀 더 명확하게 밝혀두려고 한다. 그것은 심리학에서 말하는 신을 의미한다. 우리의 무의식에 거주하고 있는 신이다. 위대한 심리학자인 융은 모든 인간이 자기의 정신 속에 신의 이미지를 가지고 있다고 말한다. 보다 전문적인 말로 하자면 '진아'이다.[2] 진아는 기독교에서 말하는 알 수 없는 신(야훼), 이슬람교에서 말하는 알라, 카발라의 아인 소프[3] 등과 같은 위대하신 하느님이 아니다. 위대하신 하느님은 우리 마음의 한계를 벗어난 존재이며 합리적으로 논의할 수 있는 대상도 아니다.

나는 거듭 말한다. 책에서 말하고자 하는 신은 위대하신 하느님이 아니며 심리학에서 말하는 신, 즉 '신이라는 생각'이다. 이는 우리 마음속에 살고 있고, 모든 인간 존재에게 언제 어디서나 공통적으로 나타나는 것으로, 융이 진아라고 부른 개념이다. 이 개념은 앞으로 책에서 더 살펴볼 것이다. 내가 책에서 언급하는 야훼나 그 외에 다른 신의 이름도 늘 진아를 설명하기 위한 것이다.

✳✳✳

작가는 자기 마음속에 있는 것, 자기 정신의 의식과 무의식 안에 있는 것을 원고지에 적는다. 그가 만든 인물들은 여러 행동과 모험을 통해 작가 내면의 삶에서 발견되는 동기들을 드러낸다. 그래서 우리가 앙투안 드 생텍쥐페리Antoine de Saint-Exupéry의 숨겨진 가르침에 이르기 위해서는 그의 생애에 대한 이야기를 알아야 한다.

생텍쥐페리는 1900년 프랑스의 귀족 가문에서 태어났다. 그는 아름다운 시골집에서 여성들에 둘러싸여 자랐다. 어머니, 누이들, 두 명의 이모, 두 명의 여성 가정교사가 그를 애지중지하며 키웠다. 행복한 아이가 되는 데 필요한 모든 것을 가진 셈이다. 하지만 그의 삶은 처음부터 비극으로 얼룩졌다.

겨우 네 살 때 아버지가 돌아가셨기 때문에 남성 모델이 될 인물이 사라졌다. 이는 그의 삶을 어둡게 만든 첫 사건이 되었다. 열일곱 살 때는 세 살 많은 형을 잃었다. 이런 비극을 연달아 겪는 동안 유럽은 제1차 세계대전의 전화에 휩싸여 있었다.

그의 우울은《어린 왕자》를 지었던 1942~1943년에 더욱 악화되었을 수 있지만, 그는 생애 내내 늘 우울증에 시달리고 있었다. 그가 열일곱 살 때 만년필로 그린 자화상은 이런 고뇌를 보여준다. 온통 검은색인 옷을 입고서 얼굴을 손으로 감싸고 있는 자화상을 볼 때 그가 겪은 우울증이 얼마나 극심했는지를 짐작할 수 있다.

생텍쥐페리는 어른들을 좋아하지 않았다. 그는 책의 처음에 '어른' 레옹 베르테르에게 주는 헌사를 쓰면서 용서를 바란다고 밝히고 있다. 그리고 그는 실제로는 어린이였던 레옹에게 책을 바쳤다. 그는 어른이 되는 것을 좋아하지 않았다. 그에게 삶이란 세월이 흐를수록 더 무거워지는 짐이었다. 그는 어른이 되는 것을 창조성이 사라지는 것이라고 생각했다. 세상에는 그런 고뇌로 아파하는 사람들이 있으며, 푸에르 아에테르누스puer aeternus(영원한 소년)라는 용어는 그런 이들의 심리적 상황을 기술하기 위해 만들어진 것이다.

내 생각에도 서른이나 마흔이 넘는 사람들은 누구도 더 나이 먹는 것을 좋아하지 않는다. 하지만 사람들은 그것이 삶의 근본적인 조건이라는 것을 알고 있고, 그것을 피하려고 발악을 한다고 해도 소용없다는 사실을 안다. 나이를 먹어갈수록 나이의 한계가 드러나기 시작한다. 분명히 쉰 살에 할 수 없는 것들을 스무 살 때는 할 수 있다. 하지만 푸에르는 삶이 강제로 부과하는 정상적인 한계들을 받아들이는 것에 저항한다. 소년은 나이 들어가는 것을 참을 수 없어 한다. 극단적인 경우에 소년은 자신의 목숨을 끝내기로 결심할 수도 있다. 의식적으로 자살을 하거나, 무의식적으로 위험한 상황에 처하게 된다.

생텍쥐페리의 결혼 생활은 행복하지 않았다. 아내는 까다로운 성미를 가졌고, 그도 그리 무던한 편은 아니었다. 따라서 그는 여행을 떠나려고 항상 핑계를 댔다. 그는 사막 한가운데서 지내는 시간을 더 좋아했다. 이를테면 북아프리카 사막의 주비곶에서 오랜 시간을 보낸 경우가 있었다. 그의 임무는 사막에 불시착한 비행사들을 구조하는 것이었다. 다른 비행사들을 구해냄으로써 그가 바란 것은 아마도 자신을 구하는 일이었을 것이다. 사막에서 사는 것은 어른이 되는 것에서 멀리 떨어지는 일이었고 그가 매력을 느낀 삶의 방식이었다.

그는 1939년 2차 세계대전이 시작될 때 프랑스에서 공군 대위로 참전했다. 모국이 함락되자 군이 해산되었고 이후 미국으로 건너가서 살았다. 그는 책을 써서 미국인들이 나치에 대항하여 세계를 지킬 수 있도록 가르쳤다. 그런 일을 하면서도 그는 프랑스가 단결력이 부족한 것을 애통해했다. 이 시기는 생텍쥐페리의 출판이 성공하던 때였지만 아마도 그의 생애를 통틀어 가장 고통스러운 기간이기도 했을 것이다. 생텍쥐페리는 미국인들의 근시안적인 생각을 이해할 수 없었다. 그들은 민주주의를 수호하는 데 거의 관심이 없었고, 히틀러는 미국을 침범할 수 없기에 전쟁은 단지 유럽의 문제에 불과하다고 여기고 있었다. 그러나 진주만 공습 사건이 일어나자 미국인들은 이것이 세계적인 문제임을 확신하게 되었다.

비록 비극을 겪기는 했지만, 어째서 좋은 환경에서 유년시절을 보낸 소년이 어른이 되는 것을 괴롭게 여기고 환멸을 느끼게 되었을까? 더 심한 비극을 경험한 사람들도 삶을 변화시킬 수 있었지만 생텍쥐페리는 그럴 수 없었다. 그는 불만을 품고 있는 아내와 살았고, 뉴욕에서 비참하게 지냈으며, 나치에 대항해서 프랑스인들을 단결시키지 못해서 좌절했고, 전쟁에 별 반응이 없는 미국인들 때문에 짜증이 났다. 책을 써서 유명인사가 되고 전성기를 맞이하고 있었지만 그는 고독하고 불행했다.

그는 하늘에 있을 때만 성취감을 느끼는 것 같았다. 하늘을 날다가 자기 삶을 위험에 빠트린 일도 있었다. 1935년 파리에서 사이공(현 호찌민)까지 비행시간 기록을 깨려고 시도하다 리비아의 사막에 불시착한 것이다. 그렇게 사막을 5일 동안 걷다가 지나가던 카라반에게 구조되었다. 위험을 겪으면서도 생텍쥐페리는 행복했다.

《어린 왕자》는 1943년 미국에서 출간되었다. 저자는 이미 이전 작품들로 성공을 거두었지만, 이 걸작으로 더욱 엄청난 성공을 이루었다.

생텍쥐페리는 미국이 전쟁에 참전하자 유럽으로 돌아왔다. 그는 공군에 입대하려고 했으나 나이 때문에 거부되었다. 하지만 자신의 영향력을 이용해서 법정 서약으로 비행 승낙을 얻어냈다. 그는 프랑스에서 《어린 왕자》가 출간되기 전인 1944년 비행 임무를 수행하다가 목숨을 잃었다.

＊ ＊ ＊

인간은 살면서 다양한 위기를 겪는다. 가장 먼저 출생과 어린 시절의 위기를 맞는다. 이 위기는 우리 무의식에 깊은 두려움을 남길 수 있지만, 해당 시기에 형성되기 시작한 우리의 합리적 마음으로는 쉽게 위기를 감지하지 못한다. 십대는 다르다. 합리적 마음으로 위기를 인지할 수 있다. 하지만 여전히 좀 혼란스럽다.

그다음으로 중요한 위기는 중년의 위기이다. 이는 훨씬 더 발달된 합리적 능력을 갖추는 일이다. 생텍쥐페리는 《어린 왕자》를 썼을 당시 찾아왔던 중년의 위기를 아마도 극복하지 못했을 것이다. 그러나 마흔세 살에 걸작을 남긴 그는 이 단계를 초월했어야 하지 않았을까? 그렇기도 하고 아니기도 하다. 생텍쥐페리와 같은 사람들, 자신의 젊음에 엄청난 애착을 가진 푸에르 아에테르누스들은 삶의 이 단계를 무사히 통과해야 한다.

이 책에 등장하는 화자는 사막에 불시착한 비행사이다. 그의 정체는 심리학적으로 이해하자면 생텍쥐페리 자신이다. 이런 이유로 그를 '앙투안'이라고 불러서, 그가 우리에게 자신의 마음을 열 수 있도록 해보고자 한다.

차례

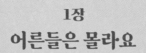

1장
어른들은 몰라요

좋은 아침. 내 이름은 앙투안이다. 마흔세 살인데도 어른이 되는 것이 여전히 두렵다. 어른은 나이를 먹어서가 아니라 어떤 마음 상태를 지녔는지에 따라 결정된다. 이런 두려움을 갖는 이유가 뭘 까? 내 이야기를 들어보면 이해할 것이다. 그렇게 되었으면 좋겠 다. 어른에 대해서라면…. 우린 아무것도 모른다.

1943년 유럽은 끔찍한 시련을 겪고 있었다. 2차 세계대전이 계속되고 있는 와중에 내가 쓴 책들 중 가장 잘 알려진 《어린 왕 자》의 집필을 끝마쳤다. 이 책은 이내 성공을 거두었다.

보아뱀을 볼 수 있는 사람

히틀러가 프랑스를 삼켰다. 놀랄 만한 일도 아니다. 이 사건은 내가 어렸을 때 그렸던 보아뱀을 떠올리게 만들었다. 어린 시절에는 그림을 곧잘 그렸는데, 특히 여섯 살 때 그린 그림은 살면서 겪었던 많은 에피소드를 생각나게 해준다. 어쨌든 그 뱀 그림에는 깊은 우울이 배어 있었다. 상징적인 방식으로 그린 것이기는 하지만 말이다. 나는 진심을 다해 마음과 영혼이 있는 가장 어두운 장소, 너무도 무서운 그 동굴을 뚫고 들어가서 어린 시절 이후로 유령처럼 내 머릿속을 떠도는 보아뱀을 되살렸다.

커다란 뱀을 그리고 나서 또 다른 그림을 그렸다.

내 기억으로는 이 그림을 그려서 여러 어른들에게 보여주고
는 물어봤던 것 같다.

앙투안: 내가 그린 그림이 무서워요?
어른들: 무섭냐고? 모자를 보고 무서워할 사람이 어디에 있니?

이런 똑같은 대답을 늘 듣자, 이내 시무룩해졌다. 어른들은 아
무것도 몰랐다. 어른들은 이 그림이 코끼리를 소화시키고 있는 보
아뱀의 모습이라는 것을 보지 못했다.

나는 아이였을 때 가진 두려움을 확실하게 기억한다. 이 두려움을 지금까지도 가지고 있다. 어렸을 때 보았던 것처럼 세상을 보는 것을 그만 멈춰야 할까? 코끼리를 삼킨 보아뱀을 볼 수 없는 어른들처럼 눈을 감아야 할까? 어른들이 볼 수 있게 일일이 다 설명해야 하나? 난 네가 어른이 되긴 했지만, 이 드라마를 이해할 수 있으리라 본다.⁴

나이를 먹을수록 보아뱀이 두려워진다

나이를 먹는 두려움에 덧붙여 근심이 일어나는 또 다른 이유가 있었다. 단지 그림일 뿐이라고는 하지만, 내 삶에 무언가 일어날 것만 같은 느낌이 들었다. 나는 어른이 되면 보아뱀이 날 삼키게 될 것이라 생각하며 두려워했다. 코끼리는 강한 동물이지만, 자신을 두렵게 하거나 공격하는 이들에게는 화를 낼 수 있다. 나는 스스로가 강하다고 생각했지만 화를 잘 내는 성격이었다. 나는 보아뱀이 삼킨 코끼리였을까? 그게 어른이 된 나를 나타낼 수도 있었을까? 아니면 나는 두려움 없이 도전에 대응해서 분연히 일어서는 영웅 같은 사람일까? 어느 쪽이든 나는 보아뱀에게서 도망쳐야 했다. 멀리 도망치거나, 영웅처럼 뱀 앞에 당당히 대면해야만 했다.

오, 하느님. 보아뱀과 대면하는 것에서 저를 구해주소서! 나이 먹은 앙투안과 마주하는 것에서 저를 구해주소서. 제발 하느님이시여, 나이 들지 않게 하소서. 이렇게 간청합니다. 영원히 아이로 머물 수는 없을까요?

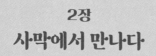

2장
사막에서 만나다

이런 생각들이 머릿속에서 떠나지 않은 채로, 나는 친구라고는 하나도 없는 세상에서 홀로 살았다. 사하라 사막에서 오도 가도 못하게 묶여 있다는 것을 알게 된 바로 그날까지 그렇게 지냈던 것이다. 비행기 엔진에 무언가 고장이 났다. 나는 걱정했다. 이 사막에서 죽게 될 것인가? 그때까지만 해도 내 인생에서 가장 근사한 경험이 날 기다릴 줄은 몰랐다.

나는 도시에서 수십 킬로미터 떨어진 사막에 있었다. 완전히 혼자였다. 길을 잃었고 고립되었다. 나는 두려웠으며 문제를 곧장 해결하려고 했지만 해가 뜰 때까지 기다려야 했다. 잠을 청하기로 했다. 사막의 모래 위에 담요를 깔고 누워서 다른 담요를 덮었다.

모래는 뜨거웠지만, 이내 춥고 메마른 사막에 둘러싸였다.

양을 그려달라는 아이

얼마쯤 지났을까? 잠이 들었는데 어린아이의 목소리가 작게 들리는 것 같아서 깜짝 놀라 일어났다. 꿈을 꾸었나? 나는 눈을 휘둥그레 떴다. 금발에 노란 스카프를 목에 두르고 귀여운 왕자처럼 옷을 차려 입은 어린이가 내 곁에 서 있었다. 처음에 난 헛것을 보았나 하고 두려웠다. 심장이 쿵쾅거리고 머릿속에는 오만가지 생각이 떠올랐다. 심장과 머리가 달리기를 했다면, 세계 신기록을 깰 수도 있었을 것이다.

하지만 어린아이는 너무나 귀여웠다. 아, 그 애가 미소 짓는다. 그런 모습이 나를 사로잡았다. 천사였나? 내가 죽어서 천국에 온 것일까? 나는 아기들이 웃는 것을 많이 보았다. 너무나 예쁘고 귀여웠다. 하지만 이 아이는 솜사탕보다 더 달콤했고, 태양보다 더 밝았다. 전에는 한 번도 본 적이 없는 신들의 선물이었다. 그 미소는 사막에서 길을 잃은 남자에게 다시 살아날 수 있다는 믿음을 주었다. 누구라도 한 번 보면 무너지게 만드는 미소였다.

나는 자리에서 일어나 대충 만든 침대에 걸터앉았다. 그 애가 말을 걸었다. 처음에 나는 그 애가 무슨 말을 하고 있는지 이해하지 못했다.

어린 왕자: 저기요. 양을 그려줄 수 있어요?

앙투안: 양이라고?

나는 깜짝 놀랐다. 사막 한가운데서 이런 말을 듣다니.

어린 왕자: 그래요. 양이 필요해요.

이제는 더 이상 그림을 그릴 줄 모른다. 아무도 내가 그린 코끼리 그림을 보지 못했던 어린 시절의 경험 때문에 난 늘 울적해 있었다. 하지만 내 왼쪽 주머니에는 태어나서 처음 그렸던 이 그림이 있었다. 이는 어른이 되는 것의 위험을 떠올려주는 부적과 같았다. 양을 그리는 것을 피하기 위해서 그것을 꺼내 보여주었다.

놀랍게도 아이는 대답했다.

어린 왕자: 그건 양이 아니잖아요. 코끼리를 소화시키고 있는 보아뱀이에요. 난 양을 원해요. 내가 사는 곳에는 코끼리가 지낼 곳이 없고, 보아뱀은 너무 위험해요.

그 애가 한 말로 인해 나는 어리둥절해졌다. 그 말을 듣고 나는 영원히 어린이가 되는 길을 찾는 데 최선을 다해야겠다고 생각했다. 어쨌든 나는 궁지에 몰렸다. 보아뱀의 먹이인 코끼리가 되는 것이 두려웠다. 그러나 어떻게 이것을 피할 수 있을까? 어떻게 해서 다시 어린이가 될 수 있을까? 내 귀여운 친구가 이런 어려운 질문에 답할 수 있다고는 믿지도 않았지만, 나는 한번 해보기로 했다. 누가 알겠는가. 어쩌면 이 애가 날 도울 수 있을지도 모른다.

내가 묻기 전에 그 애는 내 생각을 읽고서 말했다.

어린 왕자: 아저씨가 어린아이로 되돌아갈 수 있을지는 모르지만, 우리는 지혜로운 노인에게 물어볼 수 있어요. 그 할아버지는 모든 것을 알거든요.

맘투안: 하지만…. 나는 지혜로운 노인이 누군지 모르고, 안다고 해도 우린 사람이 사는 곳에서 너무 멀리 떨어져 있어. 게다가 늙은 사람이 현명할 수 있을지도 모르겠고. 대신 지혜로운 어린이를 부를 수는 없을까?

아이는 웃으면서 말했다.

어린 왕자: 아저씨가 어른이라는 것을 잘 보여주네요. 지혜로운 노인

을 어떻게 부르는지도 모르잖아요.

내가 놀라는 것을 보고 아이는 계속 말했다.

어린 왕자: 눈을 감고 숨소리에 귀 기울이면서 가만히 있어요. 나도 그렇게 할게요. 함께 지혜로운 노인을 불러봐요.

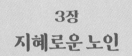

3장

지혜로운 노인

여전히 내 귀여운 친구가 믿을 만한 사람인지 긴가민가했지만, 나는 한번 해보기로 했다. 잠시 후에, 한 5분, 아님 10분쯤 지났을까. 나는 그의 귀여운 목소리를 들었다.

어린 왕자: 이제 눈을 떠요. 앙투안. 지혜로운 노인이 도착했어요.

놀랍게도 내 앞에 한 노인이 앉아 있었다. 하얀 턱수염을 기른 아주아주 늙은 노인이었다. 노인은 세상만큼이나 나이를 먹은 것처럼 보였다. 노인이 나를 바라볼 때 그의 검은 눈동자가 내 주의를 끌었다. 마치 내 마음속을 읽고 나를 꿰뚫어보는 것 같았다. 우

주 전체를 보는 듯, 무한을 읽고 있는 것 같았다.

놀란 것을 추스르지도 못했는데 노인이 말했다.

> 노민: 그래서 코끼리를 소화하고 있는 보아뱀을 보고 싶다는
> 건가? 그림이 모자로만 보이는 어른처럼 되고 싶지 않은
> 건가?

노인이 모든 것을 알고 있어서 놀랐지만, 너무 기쁘기도 했다.
그 정도로 많이 아는 사람이라면 틀림없이 나를 도와줄 수 있을
것이다.

다시 어린이로 돌아갈 수 있을까?

나는 그 노인에게 인사도 하지 않고 대뜸 이렇게 물었다.

> 맘투만: 저는 어떻게 다시 어린이가 될 수 있을까요?
> 노민: 아이가 되는 것이 정말 좋다고 생각하나?

정말 바보 같은 질문이다. 진짜로 현명한 노인이 맞는 건가?

기분이 좀 상했지만, 계속해서 말했다.

> **망투만:** 물론이지요! 저는 아이였을 때 어른이 되는 것에는 전혀
> 관심이 없었어요.
>
> **노민:** 어린 시절에 행복했는가?
>
> **망투만:** 고생스러운 일들이 제법 있었지요. 하지만 저는 항상 그
> 런 일들을 마음속 깊은 동굴 안에 감추고서 생각하지 말
> 아야 했죠. 저는 그 일들을 늘 무시하는 법을 배웠고, 그것
> 들이 꾸역꾸역 나오려 할 때면 관심을 끄고, 그것들을 가
> 두어둔 감옥에서 벗어나려 했어요. 저는 제 생각을 게임
> 으로 바꾸는 것을 잘 했어요. 상상 속의 친구들과 놀았지
> 요. 정말이에요. 이 게임에 푹 빠졌어요. 묵은 감정을 드러
> 낼 틈이 없었죠.

지혜로운 노인은 깊은 눈으로 나를 바라보았다. 내 말을 믿
는 건지 잘 모르겠다. 내 안에 억지로 만든 감옥에서 탈출하려는
유령들을 볼 수 있을 것만 같았다. 나는 어린 시절의 고통들을 더
말하고 싶지 않았다. 그도 불편한 나를 느꼈는지 나를 가만히 두
었다.

노민: 어린이가 된다는 것이 무엇이라고 생각하나? 완전히 엄마와 한데 붙어 있는 아기가 되고 싶은가?

맘투만: 글쎄요. 아기가 되는 것은 인간이 도달할 수 있는 최상의 행복이라고 생각해요.

노민: 어떻게 행복이지? 아기는 의식하지 못할 텐데. 내 말에 답해보게. 배불리 먹지 못하는 어떤 사람이 오두막에 살고 있다네. 그곳에는 보물이 묻혀 있지만 그는 모르지. 그럼 그는 부자인가, 아닌가?

뜻밖의 질문을 받았다. 나는 멈춰 서서 하늘의 별들을 올려다보았다. 초승달이 뜬 어두운 밤하늘에 별이 빛나고 있었다. 지혜로운 노인은 조용히 내 대답을 기다려주었다.

맘투만: 저는 그 사람은 가난하다고 생각해요. 적어도 그 보물을 발견하기 전에는, 그가 그것을 의식하기 전까지는 말이죠.

노민: 아기도 마찬가지라네. 아기가 행복을 알지 못한다면 어떻게 행복할 수 있겠나? 아기는 자기 자신을 모르는데도?

나는 머리를 긁적이며 말했다.

맘투만: 음, 그 말씀이 맞죠. 하지만 아기는 행복을 알 수 없는 것처럼, 자기가 불행한지도, 두려운지도, 근심이 있는지도 모르죠.

노민: 살아 있지 않은 사람도 이걸 깨닫지 못할 걸세.

맘투만: 예, 맞아요. 전 태어나지 말아야 했어요.

노민: 자네는 그래서 변할 수 없는 거라네. 인간은 자기를 낳아준 엄마가 베푸는 절대적인 의존에 기댄 아이의 단계를 넘어서지 못하면 살 수가 없다는 것을 받아들여야 하네. 근본적으로 아기도 인간이기에 스스로를 엄마와 분리된 존재라고 느낀다네. 아기는 반드시 강하고 독립적으로 자라나야 한다네.

맘투만: 그리고 불행하게 자라나야 하지요! 저는 아기가 되고 싶지 않아요. 나는 어린아이이고 싶어요. 저기에 있는 저 귀여운 친구처럼요.

노민: 넌 이미 그런걸.

맘투만: 어떻게 그렇게 될 수 있죠? 이제 머리도 희끗해지고 있어요. 흰 머리카락을 뽑고 있다고요. 내 머리에서 뽑아내 던지고 눈에 띄지 않게 해보지만 마음에서 떨쳐내지는 못해요.

자아의 탄생

지혜로운 노인은 미소를 지으며 계속 말했다.

노민: 어린이는 삶의 첫 단계에서 자신을 엄마와는 다른 어떤 것으로 보기 시작하네. '나', '나의 것'이라는 개념들이 자라나기 시작할 때지.

암투안: 일을 복잡하게 만들고 계시는군요. 아기는 자기가 사람인지도 모른다고요?

노민: 그래. 아기는 자기가 엄마의 일부분인 것처럼 느끼지. 분리에 대해 인식하고 자기가 독립적인 존재임을 발견하는 일은 너무 어린 아기에게는 일어나지 않는다네. 아기가 자라면서 점차 자신의 의식적 측면을 발달시키기 시작하는데 이것이 바로 자아이지. 정신적으로 자신이 엄마가 아니라는 것을 알게 되고, 자신을 하나의 분리된 사람, 즉 개인으로 인식하기 시작한다네. 그러나 이 어린 나이에도 아기는 여전히 자신의 '진아'와 편한 관계를 유지하고 있는 거지.

나는 생각을 하다가 멈췄다.

맘투안: 정말로 일을 점점 더 복잡하게 만들고 계시네요. '진아'라고요? 그게 대체 뭡니까?

노민: 그래. 좀 쉽게 설명해보도록 하지. 네게 깃든 신성한 측면이라고 해 두겠네. '진아'에는 오랜 시간 동안 축적된 인류의 모든 지혜가 들어 있다네. 거기에는 자네의 본능도 담겨 있지. '진아'는 '전체'라네.

맘투안: '전체'라고요? 이해하기 어려운 개념이네요.

노민: 물론이야. 자네가 지닌 신성한 측면을 이해하기란 매우 어렵지. 인간의 뇌는 수 세기를 통해서 인류 전체가 획득한 모든 경험을 끌어모아 왔다네.

집단 무의식과 개인 무의식

나는 웃었다. 도대체 내가 무슨 소리를 듣고 있는 거지?

맘투안: 인간의 뇌 안에 있는 모든 것이라고요? 제 뇌도 그런가요?

노민: 물론이라네! 그것은 모든 인간의 정신 내부에 있지.

지혜로운 노인은 믿지 못하겠다는 내 말투를 알아채고는 계속해서 말했다.

> 노민: 설명할 테니 들어보게. 정신은 세 부분으로 나누어져 있
> 네. 먼저 '집단 무의식'이 있지. 이는 인류가 수 세기 동안
> 살아오면서 얻은 모든 경험을 저장하고 있네. 그리고 '개
> 인 무의식'이 있어. 자네가 살아 있는 동안 축적된 경험들
> 로 이루어진 것이지. 마지막으로 '자아'가 있네. 정신의
> 의식적인 부분을 아우르고 있는 것이야.
> 자아는 우리가 '나'라고 생각하는 것이야. 태어난 지 얼마
> 되지 않았을 때라면 개인 무의식은 거의 없다네. 이는 마
> 치 아직 아무것도 칠하지 않은 텅 빈 캔버스 같은 것이지.
> 하지만 아기는 태어나자마자 감각들을 받아들이면서 자
> 기의 개인 무의식에다 이를 축적하기 시작한다네. 어떤
> 이들은 개인 무의식을 만들어내는 이런 과정이 태어나기
> 전 엄마 배 속에서부터 시작된다고 말하기도 하지.

내가 듣고 있는 모든 것을 믿기 어려웠다. 하지만 지혜로운 노
인은 성의를 다해서 알려주고 있었고, 어린 왕자는 그 말이 맞다
며 고개를 끄덕이고 있었다. 내가 너무 어른스러워서 그를 이해할
수 없는 걸까? 나는 의문이 나는 것을 말하기로 했다.

망투만: 어르신께서는 제가 인류의 모든 지혜를 저의 정신 안에 지닌 채 태어났다고 말씀하시려는 건가요? 모든 것을 다 안다고요?

노민: 자네는 그것을 가지고 태어났지. 그래 맞아. 자네는 그에 대해 모든 것을 안다고 하지만 그건 아니네. 이 모든 지혜는 자네의 무의식 안에 저장되어 있어서, 자네의 의식을 발달시킬 때 그 부분들에 접근할 수 있지. 자네는 이 모든 저장된 정보를 결코 알지 못할 걸세. 오직 부분적으로만 접근 가능하지.

망투만: 정말이지, 말씀하시는 이 집단 무의식을 믿는 것이 참 어렵네요.

노민: 자네는 집단 무의식의 범위에 대해서는 의문을 가질 수 있지만 그 존재는 의심할 수 없을 걸세.

망투만: 왜 의심이 안 되죠?

노민: 인간과 동물이 이미 자신의 내부에 본능을 가지고 태어난다는 것을 어찌 설명할 수 있겠는가? 집단 무의식의 부분이 나타난다면 그 존재는 곧 증명되는 것이지.

망투만: 좋아요. 그 본능에 대한 말씀은 인정하죠. 하지만 '인류의 축적된 모든 지혜'라니? 믿기 어렵겠는걸요.

노민: 자네가 의심하는 것도 무리는 아니야. 프로이트도 같은

관점을 가지고 있었더랬지. 그 정도 규모를 가진 집단 무의식의 존재 여부가 프로이트와 그의 젊은 문하였던 융이 서로 불화하게 된 핵심 이유였다네.

맘투안: 융이 누구이지요?

노민: 칼 구스타프 융Carl Gustav Jung은 스위스의 심리학자였고, 20세기의 가장 위대한 사상가 중에 한 명이라네. 프로이트보다 몇 살 나이가 어려서 그의 후계자로 여겨졌지만 둘은 결국 결별했다네.

맘투안: 무슨 이유로 결별했나요?

노민: 프로이트는 무의식의 개념이 넓어야 한다는 것을 인정하지 않았다네. 그는 본능과 개인 무의식의 존재는 인정했으나 인류의 모든 경험을 저장하고 있는 그처럼 넓은 집단 무의식은 인정하지 않았지.

맘투안: 프로이트가 옳았을 수도 있지 않나요? 누가 아기의 머릿속에 인류의 모든 경험을 넣은 거죠?

노민: 자네의 본능에 불어넣은 똑같은 사람, 존재, 힘이지. 자네가 좋다면 이 존재를 '신'이라고 부를 수도 있다네. 우리는 우리에게 본능이 존재한다는 것을 부정할 수 없다네. 융은 이런 결론에 이르게 되었지. 우리의 무의식은 본능보다 더 넓다는 결론에 이르렀고, 이어서 자기가 임상 중

인 정신병 환자들의 꿈에 출현했던 이미지들을 연구한 뒤에 더 큰 집단 무의식에 대한 이론을 발전시켰다네.

맘투만: 우리가 모든 것을 알고 태어났다는 것을 믿기 어렵네요.

노인: 조심하게. 안다는 것은 올바른 용어가 전혀 아니야. 이 모든 것은 자네의 무의식 안에 있지만, 우리는 꿈을 통하거나 깊은 명상 상태에 있지 않으면 이런 정보에 접근할 수 없네. 오직 우리가 의식하게 될 때, 우리의 자아가 발달하기 시작할 때여야만, 집단 무의식의 심층에 저장되어 있는 것들을 알 수 있게 되지. 확실히 모든 정보는 아니고, 그것의 어느 부분만 알 수 있다네. 내가 말했듯이 진아는 자네의 신성한 측면이야.

맘투만: 정말이지 믿을 수 없네요. 이 모든 것이 우리의 뇌 안에 있다니. 만일 그렇다면, 저는 모든 것을 알 수 있어야 하지 않을까요?

자아와 진아의 대화

지혜로운 노인은 잠시 말을 멈추었다. 아마 이 수수께끼를 설명하는 방법을 생각하는 것 같았다.

노민: 이것을 설명할 수 있는 좋은 방법이 있을 것 같네. 만일 자네가 세상에서 제일 큰 도서관의 주인이라고 해보세. 그렇게 된다면 자네는 세상에서 가장 똑똑한 사람이 될 수 있을까?

맘투안: 소장된 모든 책을 다 읽을 수만 있다면야.

노민: 읽고, 이해하고, 소화하라. 진아와 맺은 관계가 어떻게 진행되는지 잘 이해하기 위해서, 자네의 정신 안에 지식으로 가득 찬 얼마나 많은 문서 보관함이 있는지 상상해보게나. 하지만 자네는 그 보관함을 열 수 있는 열쇠가 없지. 자네가 열쇠를 찾을 때 열쇠에 딱 들어맞는 특별한 문서함에 저장된 정보에 접근하겠지.

맘투안: 진아의 모든 것을 알게 되는 열쇠를 찾을 수 있을까요?

노민: 아니. 그런 일이 일어난다면 자네는 신이 될 게야.

대화가 훨씬 더 복잡해져 갔다. 하지만 나는 내 안에서 지혜로운 노인이 내가 품은 의심을 풀어줄 수 있을지도 모른다고 속삭이는 소리를 느꼈다. 저 노인이 내가 다시 어린이가 되는 방법을 가르쳐줄 수 있을까?

맘투안: 자아는 어떻게 만들어지죠?

노민: 갓 태어난 아기는 스스로가 엄마와 분리된 존재라는 것을 전혀 모르네. 시간이 흐르면 '나', '나의 것'이라는 관념을 가지기 시작하지. 아기는 자신이 엄마와 다른 사람이라는 것을 느끼기 시작한다네. 이게 바로 자아의 시작이야.

맘투만: 그래서 자아가 그 사람인가요?

노민: 다들 그렇게 생각하지. 하지만 자아는 사람의 한 부분일 뿐이네. 그건 자신의 의식적 측면이야. 대부분의 인간은 자신을 자아라고 생각하거나 자아가 곧 나라고 생각하기 십상이지. 어린이일 때는 자네의 자아와 신성한 측면인 '진아' 간에 대화를 나누는 것이 아주 쉽지. 의식이 발달하면 자네의 자아는 그 진아에게서 멀리 떨어지려는 경향이 있다네. 그래서 둘 사이의 대화는 아주 어렵게 되지.

지금까지 지켜온 침묵을 깨고 갑작스레 어린 왕자가 노인에게 물었다.

어린 왕자: 왜 자아는 그 신성함에서 멀리 떨어져야 하나요?

노민: 자기 지위를 강화하고 굳히기 위해서란다. 진아와 가까이 있을 때 자아는 온전히 자랄 수 없는 꼬마 같다네. 자기 엄마 품에 너무 딱 달라붙어 떨어질 생각이 없기 때문이지.

지혜로운 노인은 이때 다시 한번 말을 멈추었다. 자기가 한 말이 내 마음에 새겨지기를 바라는 것 같았다.

망투안: 저는 어떻게 하면 여기 있는 이 친구처럼 다시 어린이가 될 수 있을까요? 이 어린 왕자님은 그림을 볼 줄 알았고, 그것을 있는 그대로 알아냈거든요.

노민: 이게 바로 우리가 물어야 할 커다란 문제라네.

망투안: 이제는 제게 답해주세요. 그러면 제 문제가 풀리겠네요.

노민: 자네에게 답을 해주겠네. 하지만 먼저 어떻게 인간이 의식을 얻는지를 이해해야 하네. 인간이 자신의 의식적 측면을 깨닫는 일은 인간 자신이 이뤄낸 것으로, 세계의 신화에서 많은 방식으로 묘사되어 있는 가장 커다란 성공 사례 중 하나라네.《성서》는 당연히도 이 문제를〈창세기〉에서 다루고 있지. 아담과 이브가 낙원에서 추방된 이야기가 그중 하나일 수 있다네.

망투안: 《성서》가 의식을 얻는 것과 무슨 관계가 있어요?

지혜로운 노인은 답을 하지 않고 침묵했다.

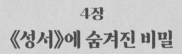

4장
《성서》에 숨겨진 비밀

나는 어린 왕자의 눈을 따라서 어두운 밤하늘을 바라보았다. 하늘에는 반짝이는 별빛이 수놓아져 있었고, 마치 내게 어떤 메시지라도 보내는 듯했다. 무슨 메시지일까? 어른에게는 봉쇄된 걸까? 내가 아이였을 때 이런 신비를 이해할 수 있었을까?

　내가 저 끝없는 밤하늘을 바라보는 것을 알고는 어린 왕자가 향수에 젖은 목소리로 내게 물었다.

어린 왕자: 내가 온 곳은 너무 작아서 하늘에 나타나지 않아요. 난 너무 보고 싶은데. 내가 사는 작은 별을 보여드리고 싶어요.

지혜로운 노인은 골똘히 생각에 잠겨 있었고 내가 한 질문을 잊은 듯이 보였다. 그래서 나는 다시 한번 더 물었다.

〈창세기〉 새롭게 읽기

맘투만: 《성서》와 의식을 얻는 것은 서로 무슨 관련이 있나요?

노민: 모든 게 다 관련 있지. 《성서》는 수 세기에 걸쳐 이루어진 인간의 발달을 말하는 일종의 신화적 이야기로 읽을 수 있네. 자네는 〈창세기〉를 기억하는가? 아담과 이브가 낙원에서 추방된 부분 말일세.

맘투만: 그럼요, 그건 알죠.

노민: 뱀이 이브에게 사과를 준 부분 있지? 야훼는 아담과 이브에게 말하길, 모든 나무에 열린 열매를 먹을 수 있다고 했지. 다만 낙원 가운데 있는 나무를 제외하고는 말이야. 거기에 달린 열매는 선과 악을 알 수 있게 해준다고 했지.

맘투만: 그런데 신은 왜 우리가 선과 악을 알기 원치 않으셨나요?

노민: 간단히 말해보세. 그들은 열매를 따 먹자마자 자신들이 발가벗었다는 것을 알게 되었지. 그들은 자기가 알몸이라는 의식을 얻게 된 것이네. 알겠지? 이건 아주 중요해. 금

단의 열매를 먹기 전에는 알몸이라는 것을 깨닫지 못했잖아. 그들은 이를 깨닫지 못했어. 즉 의식하지 못했단 말일세. 그들은 갓 태어난 상태로, 발가벗은 채로, 어떤 의식도 없이 살았다는 거야. 아기는 자기가 발가벗은 상태인지도 모르잖아. 깨닫지 못하고 있는 거지.

암투안: 한 가지 고백할 것이 있어요. 사실《성서》에 나오는 이 부분을 전혀 이해하지 못하겠어요. 선악과를 따 먹으면 선과 악을 알았을 텐데. 제가 보기엔 이건 좋은 일 같아요. 야훼는 사과를 따 먹으라고 격려했어야 해요.

노민: 사과를 먹고서 아담과 이브는 자신들이 발가벗었다는 사실을 깨달았네. 그래서 무화과 이파리들을 엮어서 몸을 가린 거지. 이게《성서》에 쓰인 이야기야.

암투안: 그리고 또 뭐가 있죠?

노민: 그들은 더 이상 아기가 아니었다네. 자신들의 완전한 무의식 상태를 버렸던 것이지. 말하자면 자아와 '나', '나의 것'이란 관념이 만들어진 것이라네. 그들은 자신들을 낙원의 나무나 동물들과 분리된 존재로 보기 시작했지. 그들은 자아를 깨닫게 되면서 자아와 진아의 공생 관계를 부수었다네. 이전에 그들은 자신들이 발가벗고 있는 줄도 깨닫지 못했지. 그들은 그걸 '의식'하지 못한 거야.

맘투만: 하지만 의식이 없다면 고통을 느끼지도 않지요.

노민: 고통을 느끼지 않겠지. 그건 사실이네. 하지만 살지도 못하지. 불교도들이 말하길, 의식이 있다고 해도 무언가를 욕망하지 않는다면 불행하지도 않다고 하네. 우릴 불행하게 만드는 것은 우리가 이루지 못한 소원들이네.

맘투만: 저는 어떻게 해야 무언가를 원치 않는 이런 상태에 이를 수 있나요?

노민: 오, 이게 문제야. 불교도들이 가르치는 것은 욕망이 없는 의식적 상태지. 완전히 의식적이게 되는 방법을 찾기 위해서는 여러 해에 걸친 훈련과 탐구가 필요하네. 불교도들의 말을 빌리자면, '깨달음'을 얻는 방법이지.

다시 침묵이 흘렀다. 그동안 나는 지혜로운 노인이 했던 말을 곰곰이 생각했다.

5장
뱀의 해명

지혜로운 노인은 자신의 가르침이 점점 복잡해지고 있음을 느낀 듯했다. 그래서인지 이야기를 곁들인 좀 더 단순한 설명을 이어가기 시작했다.

노민: 〈창세기〉로 되돌아가서, 아담과 이브, 그들을 만든 야훼가 나눈 대화를 생각해볼 수 있을 걸세. 아마 이런 식으로 되지 않았을까 하네만.

세상의 결말을 아는 야훼

야훼가 말했다. "너희들은 금단의 열매를 먹었구나. 내 명령에 불복종했어."

"하지만 하느님." 이브가 말했다. 아담은 두려움 때문에 입이 얼어붙어서 이브의 뒤에 숨었다. 이브를 방패처럼 여기는 듯했다.

"하지만 하느님. 당신께서는 왜 이 나무를 우리의 낙원 한가운데 놓으셨던 거죠?"

"우리라고 말하지 말거라. 나의 낙원이다." 야훼가 바로 잡았다.

"나는 내가 하고 싶은 것은 뭐라도 한다. 왜냐면 난 야훼니까. 그리고 불복종의 대가로 너희 둘은 죽게 될 것이다."

"하지만 하느님. 그건 공평하지 않아요…."

야훼는 이브가 더 말하기 전에 말을 끊었다.

"나는 무엇이 공평하고 공평하지 않은지를 판결하는 유일한 존재니라. 그러니 감히 내게 따지지 말거라."

이브가 말했다. "당신께서는 유혹을 뿌리치지 못하시고, 인간을 당신의 모습과 닮게 만드셨습니다. 당신께서는 우리를 죽이고자 하십니다. 하지만 제 생각에 당신께서는 저희들과 저희의 후손들이 지상에서 공연하는 쇼를 관람하는 것이 더 이로우실 듯합니다. 하오니 하느님, 우리를 살려주시옵소서."

야훼는 잠시 생각에 빠졌다. 그는 그러고 싶은 것 같았다. 하지만 자기가 한 말을 지켜야 했다. 어떻게 이 상황을 돌파할 수 있을까?

"내가 야훼라는 것을 잊지 말아라. 나는 전지전능하다. 나는 과거, 현재, 미래를 알고 있다. 심지어는 나를 의심하고픈 이런 경향도 알고 있다. 수 세기가 흐른 뒤에 욥이라 하는 사내도 이런 질문을 할 것이다."

"하느님, 당신께서는 저희들을 죽이지 않으시리라 믿습니다. 저희들과 저희의 후손들이 장차 지상에서 할 것을 보고자 하시는 당신의 호기심은 너무 크시어, 이를 떨칠 수 없을 것이기 때문입니다."

"나 야훼는 전지전능하다. 이미 모든 것을 다 알고 있느니라."

"많은 이들이 같은 영화를 두 번 보려고 영화관에 갑니다. 그걸 좋아한다면 말이죠." 이브가 따졌다.

야훼는 하늘을 응시하면서 잠시 생각에 빠졌지만 여전히 결정할 수 없었다. 결국 결심을 돌이킬 수 없었다. 하지만 이브가 앞서 말한 것처럼 유혹을 떨칠 수 없을 것 같았다.

그는 전지전능하였으므로 수십 세기 후 미래에 인간이 할 일들을 알고 있었으며, 어떤 사건들이 일어날지도 모두 알고 있었다. 그는 하늘 TV에서 상영하고 있는 영화를 여전히 보고 싶었다.

"너희 둘은 무엇을 하고 있느냐?" 그는 모든 것을 이미 알고 있었기에 단지 그렇게 물었다.

이브가 다시 대답하였다.

"하느님께서는 영화를 좋아하시는지요? 우리는 이제껏 세상에서 본 것 중에서 가장 큰 전쟁을 일으켜보겠습니다."

"지금까지 본 것 중에서라니. 어떻게? 세상은 아직 시작도 하지 않았는데."

"그게 제가 드리는 말씀이에요. 우리는 많은 이들을 죽일 거예요. 그리고 우린 그것을 하느님의 이름으로 할 겁니다."

다시 한번 더 하느님은 확신하지 못했다. 잠시 후에 말하길,

"너희 둘은 나의 낙원에서 추방되었으니 뱀을 데려가라."

아담과 이브는 무기를 든 케루빔이 수호하고 있는 낙원의 문을 뱀과 함께 지나갔다. 그때 야훼가 소리쳤다.

"영화는 몇 시에 시작되느냐?"

《도마복음》에 담긴 예수의 말

수십 리를 걸어간 뒤에, 둘 중 더 강한 성性이자, 하느님 앞에서 부들부들 떨고 있다가 이제 제 정신을 차린 아담이 말했다.

"이브, 너 미쳤니? 이런 식으로 하느님을 자극해야만 했어?"

"자, 자, 아담아. 네가 동물들 이름을 붙여주며 재미를 보는 동안 난 책을 좀 읽었더랬지. 모든 것을 설명하는 그노시스[5] 문헌이 내 손에 있어. 하느님만이 전부가 아냐. 그는 반쪽짜리 신이야. 재미 삼아 지상을 창조하고 거기에 사는 동물들과 우리를 만든 악의 신이야. 우리가 영원히 무의식으로 남길 원하고 있었지. 우리가 의식을 얻게 된 것은 뱀 덕분이야. 우린 항상 뱀을 숭배해야 해."

"하지만 네가 하느님께 약속했던 전쟁은 어떻게 하고?"

"그건 우리가 고통을 받게 될 지상에서의 한 국면이 될 거야. 인간이 높은 의식 수준에 이르면 이를수록 우리는 지상에서 평화와 안녕을 가질 수 있지."

아담이 물었다. "그럼 우리는 어떻게 해야 할까?"

이브는 혼란스러웠다. 프로처럼 보였던 그녀의 자세가 변했다. 의기양양했던 모습은 사라지고 움츠러들었다. 그녀는 땅을 쳐다보았는데, 질문에 대한 답을 찾기 위해 생각에 잠긴 것 같았다. 둘의 이야기를 가만히 듣고 있던 뱀이 끼어들었다.

"의식을 얻기 위한 몸부림은 모든 인간의 마음 안에 있을 거야. 그건 어려운 과업이라서 너희들이 성공할 때까지 지상은 천국이 되지 않겠지."

"하지만 우리 인간들은 세상이 스스로를 구원하기 전에 이러한 내적인 전쟁에서 이겨야 하는 거야?" 아담이 물었다.

"그럼. 반면에 이를 성취한 자들은, 이웃들은 그렇지 못했어도 하늘나라에 이르게 될 거야."

"그런데…. 이 하늘나라, 이런 약속의 땅은 어디에 있지?" 이브가 물었다.

"여기에." 뱀이 말했다.

"너희들은 여러 세기가 지난 후에 발견할 거야. 너희의 후손 가운데 예수라는 이름을 가진 후손 하나가 너희들을 가르치러 지상에 오게 되지. 그리고 예수의 말은 《도마복음》에 기록될 거야.[6] 하지만 이 그노시스 문헌은 기독교의 《성서》를 편찬할 때 채택되지 못해서 지금의 《성서》 안에는 포함되어 있지 않아."

도마복음 3장

1절: 예수님께서 말씀하였다. "너희를 이끄는 사람들이 너희들에게 '보라, 하늘나라가 하늘에 있다'라고 말하면, 하늘의 새들이 너희를 앞설 것이다."

2절: "그들이 너희에게 '하늘나라가 바다에 있다'라고 말하면, 물고기들이 너희를 앞설 것이다."

3절: "오히려, 하늘나라는 너희 안에 있고 너의 밖에 있다."

아담과 이브는 서로 쳐다보았다.

"이걸, 나는 이해할 수 없어." 둘은 한 목소리로 말했다.

"어떻게 우리의 안에 있으면서 동시에 밖에도 있을 수가 있어?"
뱀이 계속 말했다.

"예수가 말할 것이며, 이도《도마복음》같은 책에 기록될 거다."

4절: "너희가 자신을 알게 되면 그때서야 너희를 알게 될 것이며,
　　　너희가 바로 살아계신 아버지의 자녀들임을 깨달을 것이다."

5절: "그러나 너희가 자신을 모르게 된다면 가난 안에 살 것이며 그
　　　가난이 바로 너희들이다."

"너는 어떻게 이 모든 것을 알고 있지?" 아담이 뱀에게 물었다.

"이브처럼 나도 책을 많이 읽었어. 그녀보다 훨씬 더 많이. 예수의 이 말들은 봉인되어왔는데, 나는 어찌어찌해서 야훼의 도서관에 들어가서 많은 책을 읽었더랬지. 내 몸뚱이는 좁은 구멍을 통과할 수 있거든. 야훼는 누군가 자기 도서관에 접근할 수 있다는 것을 꿈에도 생각 못했을 거야. 도서관은 항상 잠겨 있었기 때문이지. 근데 난 뻔질나게 드나들었어."

"그래서. 우리 자손들이 예수를 만났을 때 바로 구원되었니? 지상은 낙원이 되었어?"

"그게 그렇게 쉽게 될 거라고 생각하니? 명심해. 인간은 세상을 창조한 이처럼 창조되었어. 인간은 야훼를 닮아서 성질이나 약점도 마찬가지로 똑같아. 자손들은 예수를 부정할 거야. 예수를 비웃고 십자가에 못 박아 죽이지. 이 모든 일이 지나간 뒤에 예수의 말은 살아남지만, 많은 이들이 그 말을 믿지 않게 되지. 내가 인용했던 《도마복음》 같은 문서도 예수의 교회에서는 인정하지 않을 거야."

"예수의 교회에서 예수가 남긴 말을 인정하지 않는다고?" 이브가 물었다.

"이해가 안 돼."

"그래. 인간은 좀 복잡해. 잊지 말길. 너희들도 야훼의 모습을 닮아 만들어졌으니까."

이게 야훼가 목소리를 빼앗기 전에 뱀이 남긴 마지막 말이었다. 야훼는 뱀이 인간에게 가르친 많은 진실들 때문에 짜증이 났지만, 전지전능한 존재였기에 이를 주의 깊게 들었다. 그리곤 생각했다.

'결국 인간이 모든 것을 깨닫게 되면 지상은 낙원이 될 것이고, 거기에는 전쟁이나 수치심, 가난이나 질병은 없어지겠지. 그러면 인간의 구세주라는 내 지위를 잃게 될 거야. 뱀 저 놈이 내 비밀 도서관에 들어와서 나를 바보로 만들었으니, 낙원에서 추방시킨 것보다 훨씬 더 큰 벌을 주어야겠다. 앞으로 수 세기 동안 잠자코 있겠지.'

성서의 이야기와 지어낸 대화들을 곰곰이 생각하느라 잠시 시간
이 흘렀다. 지혜로운 노인이 말했다.

노인: 이야기는 끝이네. 그래서 자네는 여전히 영원한 어린이가
　　　되고 싶은가?

어린 왕자: 사과가 없으니 먹을 수도 없어요.

노인: 그렇지 않단다. 할 수 있어. 하지만 그것은 힘든 성장 과정
　　　이란다. 모든 인간의 목표는 에덴의 낙원으로 돌아가는
　　　것이어야 하지. 하지만 의식적인 방식으로 해야 해. 이 문
　　　제는 다음번에 말하기로 하지. 그전에 내가 한 설명을 이

해하기 위해 자네가 다른 이야기도 들어봤음 하네.

망투만: 인간은 어른이 되어도 아이의 자연스러움, 세상을 경이롭게 볼 수 있는 능력 등을 유지할 수 있나요?

나는 지혜로운 노인이 답해주기 전에 질문을 또 하나 했다.

망투만: 우리가 어떻게 우리의 창조성, 완벽히 살아 있는 느낌을 잃지 않고 자랄 수 있나요? 이런 것은 어린이만이 실험해 볼 수 있는데 말이죠. 제가 어떻게 모자는 모자고, 보아뱀은 보아뱀인 줄 알면서 성장할 수 있죠?

노민: 잠시만 호기심을 접게나. 그게 바로 내가 자네에게 말하고 싶은 거야. 음, 인간은 미쳤거나 정신병자가 아니라면 뒤로 걸을 수 없다는 것을 명심하게. 영원한 어린이, 푸에르 아에테르누스처럼 살기를 구하는 사람들이 있다네. 가련한 자들이여! 그런 사람들은 혹독한 병에 걸리는 대가를 치르게 되지. 그들은 불가능한 것을 찾고 결코 도달할 수 없는 샹그릴라[7]를 찾으면서 늘 불행할 거라네. 때때로 그들은 너무도 불만스러워 하고, 절망적이게 되며, 심지어는 자살을 하기도 하지.

망투만: 전 모르겠어요. 어린이가 되는 것이 뭐 나쁜 건가요?

노민: 아니라네! 어린이는 상상력과 자연스러움을 내면에 담고 있지. 나쁜 것은 아무런 의식도 없이 푸에르 아에테르누스, 영원한 어린이가 되려는 것이라네. 이건 정말 문제가 되는 상태야.

얼마간 말이 끊겼다. 덕분에 이 말들의 의미를 생각해볼 수 있었다. 잠시 후 나는 토를 달았다.

원죄에 대한 불만

맘투만: 이야기 중에 말씀하셨죠. 야훼가 악하다고. 이건 정말 충격적인 생각 아니에요?

노민: 야훼는 선이면서 악이야. 그분은 완벽해.

맘투만: 하지만 그는 인간이 의식을 얻게 되는 것을 바라지 않았잖아요?

노민: 융은 말했지. 인간은 의식적이게 될 때만 그 삶이 진실해진다고 말이야. 그 반대라면 삶은 결코 존재하지 않는 것과 같지. 이 때문에 창조자는 인간들이 의식적이기를 바라는 것이라네. 비록 그분께서 인간들이 금단의 열매를

먹지 않게끔 애를 쓸지라도 말이야.

맘투안: 그건 엄청난 말이라서, 이해하기 아주 어려운 생각이라니까요. 교회가 이를 인정하지 않을 겁니다.

노민: 사실이라네. 나중에 내가 욥의 이야기를 해주면 이해할 거야. 융은 인간 삶의 의미는 의식을 창조하는 것이라 말했네. 그는 이 현상을 개성화 과정이라고 부르지. 낙원에서 추방된 후로 인간은 더 이상 미분화된 집단적 존재가 아니라 자신을 한 개인으로 변형시키는 여행을 시작하게 되지. 개인in-dividual이란 말은 '나누어질 수 없다indivisible'라는 뜻에서 온 말이고, 유일무이하고 하나로 응집되어 있다는 의미라네.

맘투안: 사과를 먹는 것이 왜 죄가 되죠?

노민: 유대 기독교의 관점에서 보자면, 아담과 이브는 야훼의 명령에 복종하지 않아서 죄를 범한 것이야. 그들은 불복종을 저질렀지. 죄를 진 것이야. 모든 인류, 자네나 자네의 아들, 자네의 아버지 모두가 이 죄를 짓게 되었다네. 인류는 원죄를 가지고 있으면서 처벌과 저주를 받게끔 태어났다는 것이지.

맘투안: 오우, 원죄라니! 저는 정말로 그것을 이해할 수 없네요. 공평하신 신께서 어떻게 오래전에 조상이 지은 죄 때문에

수 세기 동안 아담과 이브의 후손들에게 저주를 퍼부을
수 있지요?

어린 왕자: 저도 이해할 수 없어요.

나는 지혜로운 노인의 앞으로 가서 말했다.

맘투안: 이건 일곱 살 무렵의 저를 생각나게 하네요. 주사 맞는 걸
끔찍하게 무서워했어요. 어른이 되어서야 이 두려움을 없
앨 수 있었어요. 매번 저는 주사 같은 이런 벌을 받았네요.
저는 아담과 이브를 저주해야겠어요. 제가 낙원에 살 수
없는 것이 그 사람들 탓이었군요. 저는 그 사람들 때문에
너무 억울하네요. 마치 오늘인 것처럼 기억이 나는데, 저
의 첫 성찬식 준비를 하는 동안 신부님은 머리끝까지 화
가 나셨죠. 그때 제가 신은 정의롭지 않다고 했거든요.

어린 왕자는 내가 열을 올리는 것을 가만히 들으면서 고개를
끄덕였다. 내 말을 믿어준 어린 왕자가 말했다.

어린 왕자: 야훼는 선한 신인가요?

야훼는 어떤 신인가?

노민: 내가 해주었던 이야기에서 이브가 말했던 것은 그노시스
주의자들의 사고방식이란다. 그들은 인류를 무의식의 상
태에 두고 싶어 하는 반쪽짜리 신이 세상을 창조했다고
말하지. 뱀은 인간들을 멍에에서 벗어나게 해준 존재라서
그들의 종교는 뱀을 추앙했어. 그들은 뱀을 신성한 동물
로 생각하는 반면, 야훼는 사악한 반쪽짜리 신으로 보았
던 거지.

맘투안: 저, 그것을 믿으시나요? 이건 기독교가 가르치는 모든 것
에 반대되는데요.

노민: 나는 종교를 말하는 것이 아니라네. 나는 인간의 정신을
말하고 있지. 그것을 혼동하지 말게나. 나는 교회와 싸우
고 싶지 않네.

맘투안: 하지만…. 야훼가 악한 신이었어요?

노민: 《구약성서》를 문자 그대로 하나의 사실처럼, 마치 거기서
기술된 이야기들이 실제 세계에서 일어난 일들인 것처럼
읽고 싶은 사람들에게, 야훼는 적들을 죽이기 위해 추종
자들을 보냈고, 심지어는 여자와 아이들을 죽이라고 했던
신이었지.

맘투만: 아직 제 질문에 답하지 않으시네요. 야훼는 악한 신이었나요?

노민: 사실 나는 이미 답했다네. 야훼는 완벽하네. 그는 선이면서 악이고, 자네가 이런 표현을 더 좋아한다면, 선도 아니고 악도 아니라고 할 수 있지. 완벽함. 하나. 그는 차원이 없는 점이라네. 그는 음과 양을 넘어서 있는 도道지.

맘투만: 그는 선이면서 악일 수 없어요.

지혜로운 노인이 숨을 고르며 말했다.

노민: 이건 네가 결정해야 하는 것이야. 흥미롭게도 몇몇 고대의 이미지들에서 뱀이 십자가 주위를 둘러싼 채로 나타나고 있다네. 이는 그리스도의 이미지를 상징한 것이야. 하지만 명심하게. 우리는 심리학적인 신에 대해서 말하고 있어. 자네의 마음속에 있는 신 말일세. 나는 세상을 창조했던 하느님을 가리키는 것이 아니야.

맘투만: 저는 늘 이런 불의와 싸워오고 있어요. 왜 저는 아담과 이브의 죗값을 치러야만 하나요? 이것은 제 어린 시절의 수수께끼였고, 제가 그들에게 화를 낸 원인이었어요. 왜 제가 그들이 했던 일에 대한 대가를 치러야만 하나요? 결국

그들은 제 할아버지 할머니, 그 할아버지 할머니의 할아버지 할머니, 그 할아버지 할머니의 할아버지 할머니 … 였을 뿐이죠. 이건 정말 너무도 큰 불의예요. 야훼가 공정한 신이라면 제 조상들이 저지른 잘못 때문에 저를 벌주면 안 되죠.

어린 왕자: 만일 주사를 두려워하던 일곱 살 때 이런 그노시스의 신화를 알았다면, 세상의 창조자가 선한지 악한지 알 수 있었을까요?

대답하기 전에 오랜 침묵이 있었다. 내 차례였다. 나는 생각들을 마음 깊이 잠기도록 해야 했다. 어린 왕자와 지혜로운 노인은 대답을 기다리며 말없이 나를 응시했다.

맘투안: 저는 그노시스의 생각이 일리가 있다고 바른대로 인정해야겠네요.

노인: 그리고 그것은 현대 심리학이 한 발견들과 일치한다네. 이런 이유로 나는 되풀이해서 이렇게 말하지. 잠시 동안 종교를 그냥 두게나. 지금 여기 이 순간에 우리는 심리학을 이야기하고 있는 중이니 말이지.

아이로 돌아가지 않고 아이처럼 되는 것

어린 왕자가 다시 질문을 이어갔다.

어린 왕자: 그분들이 사과를 먹지 않았다면 어땠을까요?

노민: 인간은 무엇이 선이고 악인지에 대한 지식을 전해주고, 의식을 가져다주며, 발가벗고 있다는 것을 알게 해주는 그 사과를 먹어야만 했어. 인간은 앞으로 나가야 할 필요성, 삶을 살아야 할 필요성을 가지고 태어난단다. 강물이 흐르길 멈출 수 없듯이, 인간은 성장하길 멈출 수 없는 법이야.

망투만: 왜 그들은 내게 이것을 전에는 설명하지 않았지요?

노민: 인간의 타락, 낙원에서의 추방 등은 매우 실제적인 현상에 대한 하나의 은유야. 인간이 무의식 상태의 아기를 그냥 두고 의식을 성장시키는 상태로 나아가면서 스스로 변형할 때 똑같은 현상이 일어난다네. 분명히 그것은 〈창세기〉에 나오는 신화처럼 한 번에 모두 일어나지 않지. 낙숫물이 한 방울씩 떨어지듯 아기는 어머니에게서 스스로 분리되고, 여러 단계를 지나며 자신의 자아를 발견하고, 유일무이한 하나의 개인이 될 수 있게 발달해간다네. 이건

오랜 과정이야. 대부분의 사람들은 이런 과정에 나가지도 못하고, 자신이 누군지도 알지 못한 채 죽는다네. 융 심리학의 용어로 말하자면, '개성화'라는 여행에 나서지도 못한 채 말이야.

암투만: 그러면 완전히 의식적으로 변하기 전에 죽는 사람들에게는 어떤 일이 일어나죠?

노민: 불교도들은 윤회를 믿으니 이렇게 말한다네. 우리는 완전히 의식적이게 될 때까지 이 세상에서 수없는 삶을 되풀이한다고.

나는 잠시 말을 멈추고 나서 정말로 내 관심을 끄는 문제로 되돌아왔다.

암투만: 그래서 저는 다시는 어린이가 될 수 없을 거예요. 온전한 세상을 이해하는 그 행복한 상태에 이를 수 없을 테지요.

노민: 진정하게나. 나는 그렇게 말하지 않았네. 그 과정은 거기서 끝나지 않아. 끝나버린다면 어떻게 우리가 〈마태복음〉에 기록된 예수의 말씀을 설명할 수 있겠나? "진실로 너희에게 이르니, 너희가 변해서 어린아이들과 같이 되지 않으면, 결코 하늘나라에 들어가지 못할 것이다."[8]

망투안: 그래요. 만일 예수가 어린이로 되돌아가라고 말한다면, 제가 어떻게 그 말에 복종하지 않을 수 있겠어요?

노민: 서두르지 말게나, 친구여. 예수는 우리더러 어린이가 되라고 말한 것이 아니라, '어린이처럼' 되라고 하셨네. 우리 수업은 이제 막 시작했네. 자네는 다리를 건너지 않고는 강 건너에 이를 수 없을 걸세. 다리를 거치지 않는다면 어떻게 그곳으로 갈지 이해할 수 없다네.

망투안: 강을 말씀하시니, 물이 8일치밖에 없다는 생각이 드네요. 실제로는 오늘부터 7일이에요. 전 이미 하루치 물을 다 마셔버렸어요.

노민: 7일, 7년, 7세기.**9**

이런 수수께끼 같은 말을 남기고서 지혜로운 노인과 어린 왕자는 사라졌다. 생각에 잠긴 나만 홀로 두고서. 이미 밤은 깊어진 지 오래다. 나는 비행기를 고치기 위해 내일 엄청 고생해야 할 것 같다. 잠잘 시간이었다. 나는 두려움도 잊어버렸다. 하루가 지나갔으니 이제 겨우 7일 정도 버틸 수 있는 물만 남았다.

7장
영웅 프로메테우스

나는 다음 날 일찍 일어나서 비행기를 고치느라 진땀을 뺐다. 하지만 생각보다 문제가 심각한 것 같았다. 하루 종일 고된 일을 하고서 녹초가 되었다. 귀한 물을 마시고 난 뒤 해가 떨어지고 나서 잠에 들었다. 그때 어린 왕자가 나를 두 번째로 찾아왔다.

어린 왕자는 오자마자 다시 양을 그려달라고 했다. 나는 양을 그릴 줄 몰랐다. 나는 노력했다. 내 어린 친구는 내가 그린 그림을 좋아해보려고 애쓰고 있었다. 마침내 나는 공기구멍이 뚫린 상자를 하나 그리고서, 그 안에 양이 있다고 말했다.

내 어린 친구는 내가 그린 그림을 받아들고는 공기구멍 안을 들여다보았다. 이윽고 얼굴에 웃음이 번지더니 자리에서 깡충깡

충 뛰었다. 어린 왕자가 행복하니 나도 기분이 좋았다. 잠시 동안
이지만 나는 근심을 잊었다.

그때 지혜로운 노인이 우리에게 왔다. 그는 마치 공기가 물체
로 변하는 것처럼 갑자기 나타났다. 내가 그린 그림을 보고서 내
게 몸을 돌리고는 말했다.

노민: 자네는 그림 속 양들처럼 상자 안에 갇혀 있다고 느끼고
있는가?

나는 그 질문에 놀랐다. 나는 그게 정확히 내가 느끼는 것이라
고 실토해야만 했다. 나는 어른이 된 이후로 아무런 근심도 없이
집 가까운 들에서 뛰놀면서 누렸던 자유를 느껴보지 못했다. 나는
다시 어린이가 되어서 하늘나라에 있는 것처럼 살 수 있기를 정말
간절히 원했다.

지혜로운 노인은 내가 질문에 답할 틈도 주지 않고 나를 계속
해서 압박했다.

노민: 자네는 양을 그리는 것과 같이 숨이 턱 막히는 어려운 무
언가를 해야 할 때, 그 도전을 매번 받아들일 수 있는가? 이
것이 위험한 비행을 무릅쓰게 만드는 원인일 수 있는가?

내가 답을 못하자 노인은 계속해서 말했다.

노민: 이것이 푸에르 아에테르누스의 예상된 반응일 것이네. 성
　　　장을 거부하는 누군가 말일세.

다시 짧은 정적이 흘렀다. 나의 대답이 없었지만 지혜로운 노
인은 주제를 바꾸면서 압박을 좀 풀어주었다.

신보다 인간을 사랑한 프로메테우스

노민: 어제 대화에서 나는 아담과 이브가 낙원에서 추방되어 상
　　　징된 의식을 얻는 과정에 대해서 말했다네. 그러나 의식
　　　의 추구라는 똑같은 주제를 지닌 다른 종교에서 유래한
　　　신화들도 있지. 프로메테우스 신화가 그중 하나라네.
어린 왕자: 프로메테우스가 누구죠?

어린 왕자가 새 이야기에 기대를 하면서, 얼굴에 미소를 띠고
물었다.

노민: 프로메테우스는 타이탄**10**의 아들이었지. 그는 진흙을 빚어 인간을 창조했어. 그의 친구였던 아테네 여신이 그 진흙으로 빚은 형상에 성스러운 혼을 불어넣자, 인간은 생명을 가지게 되었지. 프로메테우스는 자기가 만든 창조물에 만족해서 인간들이 늘 발전할 수 있도록 열심히 일을 시작했단다. 어느새 그가 만든 창조물들이 불어나서 지상에 꽉 차게 되었지. 신들이 그것을 보고 인간들이 자신들을 이길까 봐 두려워하게 되었단다. 신들에게는 누구라도 대적해서는 안 되거든.

어린 왕자: 창조물들이 신들보다 더 위대해질 수도 있나요?

노민: 그게 신들의 주된 관심사였지. 프로메테우스는 자신이 만든 창조물들을 사랑해서 그들이 계속해서 발전하기를 원했단다. 제물로 바쳐진 고기를 인간과 신들 사이에서 나누는 일을 맡으면서 프로메테우스는 자주 인간들에게 더 질 좋은 고기를 주곤 했지.

어린 왕자: 그가 신들을 농락하려 했다고 말씀하시는 건가요?

노민: 바로 그래. 그는 자루 두 개를 준비했어. 하나에는 동물의 뼈들을 담았는데, 윗부분에 기름기가 좀 있는 것이었지. 이건 신들이 아주 높이 치는 것이었거든. 뼈들을 가득 담은 자루는 다른 자루보다 더 컸지. 그 자루에 기름진 고기

가 가득 찼을 것이라 생각한 신들이 이를 고르고, 다른 자루는 인간에게 넘겼지. 그런데 다른 자루에 고기가 가득 든 거야.

어린 왕자: 하하하! 그는 신들을 바보로 만들었군요!

노인: 제우스는 격노해서 프로메테우스를 벌주기로 결심했지. 그러나 프로메테우스는 더 나쁜 일을 했고, 이로 인해 제우스는 더욱더 화가 났단다. 인간들이 스스로를 신들과 비교했을 때 한 가지 모자란 점이 있었어. 바로 불의 주인이 되는 것이었지. 인류는 불이 없었어. 제우스는 인간들에게 불을 줄 생각이 전혀 없었지.

어린 왕자: 알아요, 저도 알아요. 프로메테우스가 인간들에게 불을 주었지요.

노인: 맞아. 신들만이 불을 소유했지. 제우스의 뜻을 어기고 프로메테우스는 불을 훔쳐서 인간들에게 주었단다. 제우스는 그런 그에게 끔찍한 형벌을 주었지. 제우스는 프로메테우스를 코카서스 산에 있는 바위에 묶으라고 명령을 내리고, 독수리더러 매일매일 그의 간을 쪼아 먹게 했단다. 밤 동안에 그의 간은 다시 자라나지만 태양이 뜨면 독수리가 다시 쪼아 먹었지.

어린 왕자: 무시무시한 형벌이네요.

노인: 그래. 하지만 제우스는 인간에게도 벌을 내리기로 했지.

어린 왕자: 왜요? 인간은 어떻게 되었죠?

노인: 신이 하는 일을 항상 이해할 수는 없단다. 인간이 신들보다 더 위대해지는 것을 막기 위해 제우스는 인간들에게 아름다운 여성인 판도라를 내려주었지.

어린 왕자: 오, 저는 이전에 이 이야기를 들은 적이 있어요. 판도라의 상자 말이에요. 하지만 다시 말해주세요.

노인: 그 상자 안에는 모든 문젯거리, 질병, 고통, 전염병, 전쟁, 그리고 지금까지 지상에는 없었던 온갖 어려움이 들어 있었단다.

맘투만: 그것 참 슬픈 이야기네요. 그런데 이게 에덴의 낙원 신화와 무슨 관련이 있나요?

"인간은 신들보다 위대하다"

그러자 어린 왕자가 지혜로운 노인이 답하기 전에 말했다.

어린 왕자: 프로메테우스에게 설명해달라고 하는 게 어때요?

망투만: 그 양반은 오래전에 돌아가셨거든.

하지만 놀랍게도 눈 깜짝할 사이에 도대체 어디에서 왔는지도 모르게 프로메테우스가 우리들 사이에 있었다. 그것도 내 곁에서 다리를 꼰 채 앉아 있는 것이었다. 그는 엄청나게 큰 대장부였고, 이미 오래전에 면도하는 것을 잊어버린 것처럼 검은 턱수염을 한 거인의 모습을 하고 있었다. 간이 있는 자리인 배에는 큰 붕대가 감겨 있었다. 마치 내가 한 질문을 알고 있기라도 한 듯이, 그는 대답을 했다.

프로메테우스: 에덴의 낙원에서 아담과 이브가 조화를 이루었던 것과 같이, 그리스의 신들과 인간들은 함께 식사를 했어. 인간의 자아는 존재하지 않았고 진아가 최고의 자리에서 다스리고 있었지. 이건 아기의 상태야. 그들이 받았던 고기는 자아를 강하게 만드는 정신에너지를 상징하지. 이렇게 자아는 진아에게서 분화되는 여행을 시작했어. 인간들이 의식을 획득하기 시작한 거야.

어린 왕자: 하지만 너무 큰 위험을 감수하셨어요.

프로메테우스: 나는 인간들에게 책임감을 느끼고 있단다. 그들은 내가 만든 창조물이자, 내 자식과 같은 존재이지. 나는 인간

들이 영적으로 자라나기 시작할 때 신들보다 훨씬 더 훌륭할 것이라 믿고 있었어.

맘투만: 신들보다 훌륭하다고요? 그건 믿기 어렵네요. 보세요. 세상에 널린 수치스러운 일들을. 지금도 우리는 멍청한 전쟁판을 벌리고, 수백만 명을 죽이고 있잖아요?

프로메테우스: 사실이야. 신들은 의식을 갖고 있지 않네. 그들은 옳은 것과 그릇된 것을 구별할 수 없지. 그래서 그들은 도덕적 관념이 없어.

맘투만: 도덕적 관념이 없다고요? 너무 과장하시는 것 아닌가요?

프로메테우스: 글쎄. 그리스나 이집트, 저 동양의 신화들을 읽어보시게. 《구약성서》에 등장하는 야훼에 대해서 어떤 말을 하겠나? 신화를 보고서, 내가 옳은지 어떤지를 말해주지 않겠나?

맘투만: 하지만 인간들이 저지른 엄청난 살인과 전쟁을 보면 뭐가 더 훌륭한지 모르겠네요.

프로메테우스는 한숨을 깊이 내쉬고서 확신에 차 말했다.

프로메테우스: 인간들은 신들보다 훨씬 더 훌륭할 거라네. 신들은 의식을 가지고 있지 않기 때문이지. 이건 수 세기에 수 세기

를 더한 시간이 걸릴 것이라네. 하지만 그런 일은 반드시 일어날 거야. 그때가 되면 내 모든 고통도 옳다는 것이 드러날 테지.

맘투만: 오늘날과 같은 이런 참혹함이 있더라도 그런가요?

프로메테우스: 이는 불행하지만 인간 진화에 필수적인 하나의 국면이라네. 인간이 더 높은 의식 상태에 도달할 때 하늘나라가 지상에 실현될 걸세. 인간들은 신들보다 더 훌륭해질 거야.

맘투만: 시간이 얼마나 걸리죠? 우리는 또다시 수백만의 생명을 파괴하는 전쟁의 와중에 있어요.

프로메테우스: 이미 말한 것처럼 엄청나게 오랜 시간이 걸릴 거야. 나도 이 과정이 얼마나 걸릴지는 몰라. 하지만 인간들이 에덴의 낙원으로, 의식으로 되돌아갈 수 있다고 확신하네. 나는 인간들에게 불의 주인이 될 수 있는 자격을 주어서 이 기다림의 시간, 이 수치스러운 시기를 앞당기기 위해 노력하였지.

지혜로운 노인이 대화에 참여했다.

노민: 불은 의식을 상징하지. 그래서 프로메테우스와 인간들은

벌을 받았어. 생각해봐. 에덴의 신화에서 야훼도 인간들이 의식을 얻는 것을 원치 않았잖아.

어린 왕자: 프로메테우스님은 정말 용감하셔요. 뱀이 에덴의 낙원에서 했던 것과 똑같은 일을 하셨어요.

프로메테우스: 만일 인류가 의식적이게 된다면, 내 희생은 헛되지 않을 것이고, 이는 단지 시간의 문제일 뿐이라고 확신해.

맘투만: 정말이요? 인류는 점점 더 나빠지고 있는 것 같은데요.

프로메테우스: 사실이 아니야. 인간의 안목은 너무 짧지. 고작해야 한 세기도 못 살지 않는가. 이건 사막의 모래 한 알처럼 너무 적은 시간이야. 진화가 수천수만 년이 걸리는 것을 생각하면 더 그렇지.

맘투만: 저는 잘 모르겠어요. 우리는 지금 지독한 전쟁을 겪고 있어요. 히틀러는 악마들과 무리를 지은 것처럼 보여요.

프로메테우스: 내가 보장하네. 몇 년의 안목이 아니라 수천수만 년의 안목으로 보면, 인류는 진화하고 있지. 잊지 말게나. 고대 그리스의 황금시대에도 여자 아이들은 입양 보내지거나 길거리에 던져졌다네. 많이들 죽었지. 같은 시기에 인간들은 자기 노예들을 죽이거나 살릴 수 있는 권력을 가졌지.

밤마다 회복되는 자아

프로메테우스는 우리들에게 생각할 시간을 주기 위해 잠시 멈췄다. 사막의 밤이 주는 침묵이 우리들을 둘러싸고 있었다. 이윽고 어린 왕자의 호기심이 침묵을 깨트렸다.

어린 왕자: 그런데 간은 어떠세요?

프로메테우스 앞에서 말을 했던 지혜로운 노인이 답해주었다.

노인: 흥미로운 점이 있단다. 프로메테우스의 간은 낮에는 닳아 없어지지만, 밤에는 회복되지. 밤이란 우리들 각자가 우리의 무의식 상태, 우리가 태어났던 그 본래의 상태로 돌아가는 시기야. 우리의 자아는 매일 밤 무의식에서 원기를 받는다고 말할 수 있지.

앙투안: 야훼와 그리스 신들은 인간들이 의식을 추구하는 것을 싫어하는 것 같아요. 그들은 우리가 무의식적으로 남아 있기를 바라는 것이 아닐까요?

노인: 자네 말이 맞네. 에덴의 낙원 신화와 프로메테우스 신화에 있는 또 하나의 중요한 점, 신들이 의식을 추구하는

것을 범죄로 생각한다는 거지.

프로메테우스: 바로 그렇지. 그들은 인류가 의식을 획득하길 원치 않아. 왜냐면 그런 일이 일어날 때 인간이 신들보다 더 위대해질 것을 알고 있기 때문이지. 그들은 의식을 가지고 있지 않기 때문이야.

노민: 아마 무의식의 원초적 상태, 그리스인들이 '휘브리스 hybris'라고 부른 죄에서 떠나고 싶어 하는 것은 인간에게서 나오는 엄청난 요구일 걸.

어린 왕자: 휘브리스요? 그게 뭔지 말해주시겠어요?

노민: 그럼! 휘브리스는 오만에 빠진 상태야. 우리가 인간이라는 조건을 망각하고서 무엇이든 다 할 수 있다고 생각할 때 생겨난단다. 인간은 자신이 신이라고 꿈을 꾸지. 이카로스의 신화를 말해주어야겠구나. 휘브리스의 좋은 예란다.

8장
태양을 사랑한 자, 이카로스

프로메테우스가 일어서서 말했다.

프로메테우스: 내가 더 이상 필요 없을 것 같군. 이제 떠나야겠어. 독
수리들이 날 기다리고 있어서 감옥으로 돌아가야 해. 태
양이 떠오를 때 내가 그곳에 없으면 제우스가 노여워할
거야.

지혜로운 노인은 프로메테우스에게 작별 인사를 하고 이야기
를 시작했다.

더 높이 날 수 있다는 이카로스의 야심

노민: 다이달로스는 아테네 사람이었지. 그는 도시에서 문제를 일으켜서, 당시 미노스 왕이 다스리는 크레타 섬에 망명을 하려고 도망쳤어.

어린 왕자: 무슨 문제를 일으켰나요?

노민: 그는 그리스 전역에서 명성을 떨친 아주 유명한 건축가이자 조각가였단다. 그런데 자기 여동생의 아들이자 제자이기도 한 탈로스가 자신보다 더 큰 재능을 보이기 시작했지. 이 천재 소년을 질투해서 그만 죽여버린 거야. 그런데 범죄가 발각되어서 사형이 선고되자 크레타 섬으로 도망친 거야. 어린 아들인 이카로스를 데리고서 말이지.

어린 왕자: 그런데 붙잡히지 않았나 봐요?

노민: 미노스 왕은 그를 환대했단다. 위대한 건축가라는 명성이 이미 크레타 섬에도 퍼져 있었기 때문이지. 왕의 명령에 따라 다이달로스는 미로를 만들었어.

어린 왕자: 미로라고요?

어린 왕자가 호기심에 들떠 물었다. 늘 지혜로운 노인이 해주는 이야기를 사랑하지만, 노상 질문을 던져서 이야기를 끊는 이 귀여운 아이.

노민: 그건 속기 쉬운 길들로 가득 찬 궁전이야. 어느 누구라도 안에 들어가면 절대로 빠져나올 수 없다고 하지.

어린 왕자: 아무도 밖으로 나올 수 없는 궁전을 가지면 무슨 이득이 있어요?

노민: 말하자면 길단다. 크레타의 미노스 왕은 바다의 신인 포세이돈을 기리기 위해 한 가지 약속을 했지. 섬에서 태어난 첫 번째 동물을 희생으로 바치겠다고 한 것이야. 그러자 포세이돈은 깊은 바다에서 아름다운 흰색 소를 보내주었지. 그러나 미노스 왕은 그 아름다운 동물을 보고서 자기가 한 약속을 지키지 않았어. 그 소를 자기가 키우는 소 떼와 교미시켜 번식하려 했던 게지.

어린 왕자: 신을 또 바보로 만들었군요? 끝이 좋지 않을 텐데. 프로메테우스는 그 종말이 어떤지 알죠.

노민: 사실 포세이돈은 미노스 왕을 벌주기로 결정하고, 왕비를 그 소와 사랑에 빠지게 해서 미노타우로스를 낳게 했지. 미노타우로스는 상체는 인간이고 하체는 황소의 모습을 한 괴물이야. 이런 수치를 감추기 위해서 미노스 왕은 다

이달로스에게 미로를 지으라고 한 것이지. 괴물은 이 궁전에 갇혀 지내면서 희생 제물로 바쳐진 인간들을 잡아먹었지. 미로에 남겨진 사람들은 그곳을 빠져나오는 방법을 전혀 몰랐어.

어린 왕자: 그런데 미로에 갇힌 사람들은 괴물을 죽이지 못했나요?

노인: 잠깐만. 잠시 궁금해도 참으렴. 그건 테세우스의 이야기야.[11] 다이달로스와 아들 이카로스의 이야기를 해야겠구나. 그래야 휘브리스의 의미를 설명할 수 있단다.

어린 왕자: 저런, 죄송해요.

노인: 다이달로스는 크레타 섬에서 몇 년을 지낸 다음에 다시 아테네로 돌아가기로 결심했단다. 그가 생각했을 때, 아테네에서 저지른 일은 이미 모두에게서 잊혔을 거라 여긴 것이지. 하지만 미노스 왕은 그를 섬에서 나가지 못하게 했어. 아마도 그를 너무 존경해서 그랬을 거야.

어린 왕자: 그에게는 잘된 일이죠. 그는 감옥에 가도 싼, 나쁜 사람이잖아요. 그는 사촌을 죽여서는 안 되었어요.

지혜로운 노인은 계속 말했다.

노인: 다이달로스는 창의적인 예술가이자 기술자였단다. 새들

이 나는 것을 자세히 살피고 나서 자신과 아들 이카로스를 위한 날개를 만들었지. 이는 섬에 풍부했던 깃털을 사용해서 밀랍으로 붙여 만든 것이었어. 이 날개를 달고 그들은 날아서 섬을 떠날 수 있었지. 바다 한가운데를 날아가는 도중에, 이카로스는 날 수 있다는 능력에 취해서 그만 태양을 향해 위로 올라가기로 결정했지. 하늘을 날 수 있는 힘 때문에 거의 반쯤은 자신을 신으로 생각했던 거지. 이게 바로 휘브리스야.

어린 왕자: 그 사람은 태양을 가지고 싶어서 그런 건가요? 제가 우주에서 알게 된 왕처럼 말이죠? 그가 야심이 덜해서 저처럼 작은 별을 선택했더라면 더 좋았을 텐데. 하늘에 빈자리는 참 많거든요!

지혜로운 노인은 계속해서 말했다.

노인: 태양의 열기는 밀랍으로 붙인 깃털들을 녹였고, 이카로스는 추락해서 바다에 빠져죽었지.

어린 왕자: 어떤 면에서는 정의가 실현되었네요. 다이달로스는 누이의 아들인 탈로스를 살해하고, 자기 아들은 신이 죽였으니까요.

"삶은 영원한 학교다"

　이야기가 끝나고 지혜로운 노인은 이카로스를 이 모임에 불러오자고 제안했다. 눈 깜짝할 순간에 그가 우리 곁에 왔다. 평소처럼 소개를 마치고 이카로스는 말했다.

이카로스: 여러분 모두가 저를 비난하는 것을 알아요. 항상 그런 식이죠. 그렇지만 저는 이런 일은 모든 인간의 삶에서 일어난다는 것을 상기시켜드리고 싶네요. 제가 벌로 죽음을 받은 것은 좀 극단적이었어요. 제우스는 저를 하나의 본보기로 쓰고 싶었거든요.

암투만: 어떻게 확신에 차서 모든 인간이 이런 상황을 겪는다고 말할 수 있지요?

이카로스: 예를 들면 말이에요. 당신은 자신이 다른 사람들보다 더 낫다는 생각을 몇 번이나 해봤나요? 짧은 순간이라도 자신은 모든 것을 할 수 있다고 몇 번이나 생각해봤나요? 자신이 반쯤은 신과 같다는 생각을 몇 번이나 해봤나요? 그런 생각을 한 뒤에는 또 몇 번이나 실망해봤나요? 만일 의식적으로 살펴본다면, 은유적인 방식으로 내가 한 짓을 당신도 자신의 삶 속에서 할 수 있는 시간이 충분할 거라고

저는 생각합니다. 당신은 스스로를 반쯤은 신이라고 생각하여 오만을 저지를 거고, 그런 다음 타 죽겠죠.

이카로스는 잠시 말을 멈추고 나서 다시 시작했다.

이카로스: 당신이 쓴 마지막 책에 대해서 당신이 느낀 것처럼 내가 느낀 것을 말해볼게요. 세상의 주인처럼, 나도 태양을 원했어요.

나는 잠시 생각에 잠기고 나서 이카로스의 말에 동의할 수밖에 없었다. 내가 쓴 마지막 책이 성공하자 어떤 힘을 가졌다는 느낌이 들었다. 나는 심지어 전쟁을 멈출 수도 있고, 미국인들이 유럽의 전쟁에 동참하도록 설득할 수 있다는 꿈을 꾸기도 했다.
지혜로운 노인이 곰곰이 생각하고 있던 나를 깨웠다.

노인: 하지만 사실 이것은 일시적인 상태지. 곧장 우리는 태양에 불타고 휘브리스로 인해 고통받을 거야.
이카로스: 아니면 바다에 떨어져 죽든지요.

이카로스가 웃으며 말했다. 나는 이 가르침을 곱씹고 있었는데 이카로스가 작별 인사를 하면서, 하늘로 날아오르기 위해 날개를 집어 들었다. 그때 어린 왕자가 물었다.

어린 왕자: 하늘을 나는 게 무섭지 않아요?

이카로스: 삶은 영원한 학교지. 나는 더 이상 태양 가까이로는 날지 않아.

지상의 빛을 찾는 원주민들의 신화

이카로스가 떠나려고 할 때 지혜로운 노인이 말을 계속했다.

노민: 자아가 진아로부터 분리하는 과정을 상징하는 신화들은 추락, 감금, 끊임없는 고문, 혹은 결코 치유되지 않는 상처 등을 말하지. 치유돼야 할 이런 고통스러운 상태 때문에 자아는 의식을 획득해야 하지. 인간들은 진아와의 관계를 잃지 않고서 개인이 되어야 하네. 우리는 이미 두 가지 신화를 말했지. 중앙아시아에서 기원한 에덴의 낙원과 그리스의 프로메테우스 신화였네. 나는 이런 신화들과는 완전히 다른 신화 하나를 더 말하고 싶네. 북아프리카 원주민

의 신화가 있지.

어린 왕자: 해주세요! 어서요!

어린 왕자는 깡충깡충 제자리를 뛰면서 손뼉을 쳤다.

노민: 옛날에 어떤 사람들이 아름다운 호수 근처에 있는 땅속에 살았더랬지. 어느 날 커다란 포도밭이 그들이 사는 집 위에서 자라기 시작했지. 포도밭에서 나온 뿌리 하나가 땅속에 사는 사람들의 마을에 이르렀어. 용기가 있는 몇몇 사람이 포도 넝쿨을 타고 땅 위로 올라왔단다.

어린 왕자: 하지만 그건 추락이 아니라 상승이잖아요?

망투만: 그것은 빛을, 불을, 의식을 찾는 것이란다.

나는 다 이해하고 있다는 듯이 지혜로운 노인에게 보여주기 위해 말했다.

망투만: 상징을 쓰는 방식은 대부분이 다 비슷하거든.

지혜로운 노인은 고개를 끄덕이고는 이어 말했다.

노민: 지상을 탐험하러 갔던 사람들이 돌아와서 사람들에게 말하길, 저 위쪽 세상은 우리가 상상했던 것보다 훨씬 더 아름답다고 했지. 환하게 밝은 세상이라고 말이야. 그들은 또 물고기, 아름다운 동물들, 꽃을 가지고 왔어. 그러자 땅 위를 동경한 많은 사람들이 한꺼번에 포도 넝쿨을 기어 올라가기 시작했어. 그들은 모두 환한 빛을 보기 위해, 새로운 세상을 향해 가고 싶어 했지.

어린 왕자: 그럼 뿌리가 견딜 수 있었을까요?

노민: 그게 문제였지. 어떤 거구의 여자 한 명이 올라가기 시작했을 때 그만 뿌리가 부러져서 사람들 반이 지하에 남겨졌고, 지금까지도 그곳에서 살고 있지. 원주민들은 우리가 죽으면 지하에서 우리의 사촌들과 재회한다고 말해.

어린 왕자: 확실히 원주민들의 신은 야훼보다는 관대하네요. 적어도 그는 인간들이 빛을 찾는다고 해서 벌주지는 않잖아요.

잠시 말이 끊겼다가, 지혜로운 노인이 말을 이었다.

노민: 우리는 다시 한번 완전히 성격이 다른 문명의 신화 속에서 추락의 이미지를 가지게 되는데, 이 경우에는 의식 즉 빛으로 향하는 상승이지. 인간들은 빛을 찾기 위해, 말하

자면 의식을 얻기 위해 지하의 어두움을 떠났어. 그들은 무의식을 떠나서 의식을 얻은 거야.

다시 침묵이 흘렀다. 지혜로운 노인은 손을 흔들어 작별 인사를 하고 사라졌고 어린 왕자도 그를 따라갔다. 하루 종일 고된 일을 하느라 피곤해서 잠에 곯아떨어지면서도 의식을 얻는 신화를 생각했다. 어째서 인간의 삶은 이리도 고달파야 했을까?

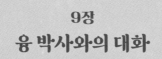

9장
융 박사와의 대화

다음 날 나는 하늘에서 내리쬐는 첫 번째 햇빛을 받고 일어났다. 주위를 돌아보아도 어린 왕자나 지혜로운 노인은 없었다. '그래, 비행기를 고치는 데 집중할 수는 있겠지'라고 생각했다.

나는 소중한 물을 써가면서 하루 종일 낑낑대며 일을 했다. 태양이 뉘엿뉘엿해지자 일을 멈췄다. 나는 지치고 탈진했다. 덕분에 일의 진도가 너무 느렸다. 모래 위에 누워서 휴식을 취했다. 모래는 여전히 따뜻했다.

여태껏 배운 것들을 기억하고는 생각했다.

'난 평생토록 어린이가 될 수 없다는 것을 이해하지도 못한 채, 내 경험이 시작된 곳으로 되돌아가려고 애를 쓰면서 그저 그렇게 나 혼자서 살아온 걸까? 나는 성장해야 하나? 모든 인간들이 성장해야 하는 걸까? 그게 내가 여기 이 사막에 온 이유였을까? 지혜로운 노인을 만나서 내 삶을 다시 생각하는 것?'

이때 동쪽을 바라보니 멀리서 지혜로운 노인의 손을 잡고 내게 걸어오는 어린 친구가 보였다. 나는 그들과 이야기하고 싶었다. 정말 많은 의문이 있었다. 그들이 앉자마자 의문을 쏟아내었다.

맘투만: 이카로스에 대한 대화를 마치고 휘브리스라는 말의 의미를 이해했어요. 하지만 여전히 머릿속에서는 그 의미를 계속 생각하고 있어요.

노인: 휘브리스는 심리학 용어로는 인플레이션(팽창)이라고 한다네. 인간들이 신들에게 속한 힘을 장악하려고 할 때 생기지.

나는 잠시 가만히 그곳에 서서 지혜로운 노인이 말해준 것을 이해하려고 애를 썼다. 그러나 진리는 과연 나를 넘어서 있는 것일까? 여전히 잘 모르겠다.

맘투안: 솔직히 말해서 잘 이해가 안 돼요. 말씀하신 지혜를 얻는 과정을 이해하기가 참 어려워요. 우리는 신들에게서 힘을 훔치기를 바란다고 말씀하셨잖아요. 이 생각을 더 쉽게 이해할 수 있게 요약해주시면 좋겠어요.

노민: 요약할 수 있지. 하지만 전문가를 한 분 모시는 편이 더 좋을 것 같네.

맘투안: 누구시죠?

노민: 글쎄, 융 박사라면 확실하지 않겠나? 이 분을 한 번 말한 적이 있었지. 잠시 기다리게나.

융 박사의 등장

지혜로운 노인은 주머니에서 둥근 돌 하나를 꺼냈다. 그것은 내부에 강렬한 빛을 머금은 짙은 푸른색을 띠고 있었다. 그것을 귀에 끼고서 한 번도 들어본 적이 없는 언어로, 저편 어딘가에 있는 누군가와 이야기를 했다. 잠시 후에 그 돌을 주머니에 도로 집어넣었다.

노민: 나는 파울라 박사[12]와 이야기를 나누었지. 이 분은 융 박

사의 친구야. 융 박사는 현재 우리를 만날 수 없다네. 세미
나에 참석하고 있기 때문이지. 우리가 다음 휴식 시간까
지 기다려준다면 흔쾌히 만날 수 있을 거라고 하는군.

맘투만: 그분을 만나고 싶네요. 파울라 박사는 융 박사님이 여기
에 오려면 시간이 얼마 정도 걸린다고 하나요?

노민: 아마 두 세기쯤.

맘투만: 아니, 두 세기라고요? 농담이시죠?

노민: 농담이야. 인간들은 참을성이 없지. 그렇더라도 우리는
그를 기다려야 한다고 봐. 내가 말했듯이 정신의 세계에
서 두 세기는 아주 빨리 지나간다네.

실제로 내 주머니 시계가 가리키는 대로 2분이 지나자 융 박
사가 우리 곁에 와 모래 위에 앉았다. 어린 왕자가 호기심 어린 목
소리로 물었다.

어린 왕자: 빛보다 빠르게 오셨네요?

노민: 과학자들은 가장 빠른 속도는 빛의 속도라고 생각하지.
하지만 생각의 속도를 잊고 있어.

내가 의문들을 이야기하자 융 박사가 말했다.

융: 인간은 자아가 진아에 완전히 흡수된 상태로 태어나죠. 아기의 자아는 태어날 때는 존재하지 않아요. 하지만 그것을 발달시킬 수 있는 잠재력을 가지고 세상에 나오죠.

노민: 그게 아기의 상태지.

맘투만: 이 개념은 잘 이해했어요.

진아와 자아의 적절한 거리

융 박사가 말을 이었다.

융: 아기는 자신과 어머니가 서로 다른 존재라는 것을 느끼게 되었을 때, 자신의 자아를 발달시키기 시작해요. 아기가 스스로 한 명의 사람이라고 느낄 때, 이는 '나'라는 개념이 마음속에서 처음 떠오를 때죠. 이때 아기의 자아가 창조되고 진아와 거리를 두기 시작한다고 말할 수 있어요. 그때부터 계속해서 아기의 자아는 진아에 다가서고 물러서고 더 가까이 갔다가 멀어지는 춤을 시작한답니다. 그리고 가까이 다가갈 때면 진아를 더 흡수하고 의식을 더 많이 얻는 것이죠. 뒤로 물러날 때면 자신이 배운 것을 강

화하는 시간을 가져요. 이 과정은 정상적인 경우라면 태어나서 죽을 때까지 계속 된답니다.

맘투만: 왜 자아는 진아에게 가깝게 갔다가 물러나는 것인가요?

융: 자아는 진아에 오랫동안 가까이 머물 수가 없답니다. 그렇게 했다가는 불에 타버리게 돼요. 진아는 엄청나게 빛난답니다. 그것은 우리의 신성한 측면이기도 하고요. 이카로스를 잊지 마세요. 그는 태양을 향해 날아가려고 했던 인간이었어요.

맘투만: 아, 진아에 다가가서 오랫동안 머무르려고 한다면 저의 자아는 불타버리겠네요?

융: 인간의 자아는 진아에게 다가갔다가 멀어지면서 나선형으로 진행한답니다. 성장의 과정은 항상 위로 향하지만 이렇게 가는 거죠. 자아가 진아에 너무 가까이 다가가면, 인간은 자신이 신이라고 생각하는 심리적인 팽창으로 인해 고통을 받을 수 있어요. 휘브리스가 그런 거죠.

맘투만: 왜 우리는 어린이가 되는 상태를 떠나야만 하나요?

융: 유아기는 대단한 인식의 시기예요. 이 시기에 자아와 진아의 관계는 매우 밀접해요. 인간의 창조성이 피어나지요. 이는 인간이 유아기에 가진 향수를 설명해줍니다. 그것은 또한 자기 종족과 공생하며 살아가는 인간의 초기

상태이자 '신비로운 참여'로 불리는 상태예요.

망투만: 오우! 설명해주세요.

융: 이 용어는 인류학자 레비브륄Lucien Lévy-Bruhl이 만든 용어
인데, 원시 문명의 삶을 설명하기 위한 것이었죠.

노민: 이 향수는 루소가 말한 '고귀한 야만인'을 설명해주지.**13**

융: 최근의 많은 연구들도 똑같은 향수를 보여주고 있어요.
자연과 완전히 접촉하고 있는 원시인들의 이러한 모습을
완벽한 상태로 보는 거죠.

망투만: 그렇다면 유아기는 완벽한 상태가 아니라는 건가요?

융: 남의 집 잔디가 언제나 더 푸르게 보인다고들 하지요. 만
일 여러분이 그 상태로 되돌아갈 수 있다면, 보기만큼 좋
지 않다는 것을 알게 될 거예요.

어린 왕자: 삶 전체를 어린 시절의 상태에서 살 수도 있을까요?

어른이 되지 않을까 항상 걱정하는 어린 왕자가 말했다.

어린 왕자: 결국 제가 자란다면, 제가 사는 별에는 있을 만한 공간이
없을 거예요.

융: 어린이로 돌아가려 하는 어른이 푸에르 아에테르누스의
경우죠. 많은 이들이 이런 상태로 살다가 일찍 죽거나 신

경증에 걸린답니다. 자기의 의식을 넓히기 위한 모색을 그냥 놓아버리는 것은 인간의 길이 아니에요. 그런 여행은 멈출 수 없어요. 인간은 자신의 길을 따라야 하며, 이를 따르지 않으면 누구라도 벌을 받게 될 거예요.

망투만: 누가 벌을 주지요?

융: 아마도 진아겠지요. 일반적으로 사람들이 임사체험**14**을 겪을 때, 자신들은 유한하다는 것을 절실히 깨닫고서 성장하려는 절박감을 느끼고 진아의 더 큰 부분들을 흡수하게 되지요. 이런 사람들은 보통 자신들의 자아 발달에 커다란 진전을 가져다주는 삶의 시기를 시작하곤 해요.

지혜로운 노인이 이렇게 덧붙였다.

노민: 델피의 아폴로 신전에는 입구에 이런 글귀가 새겨져 있지. "너 자신을 알라."

망투만: '너 자신을 아는 것'이 인간의 성장과 무슨 관련이 있죠?

융: 진아는 여러분의 일부분이고, 그것은 여러분 안에 있지요. 그것은 여러분 안에 있는 신성함이에요. 추가적인 것들을 흡수하고 진아의 더 많은 부분들을 의식하게 될 때, 이 과정으로 인해 스스로를 더 많이 의식하게 될 거예요.

여러분은 자신을 아는 여행을 하고 있는 거예요. 이를 '개성화'라고 부릅니다.

얌투안: 저는 아직도 뭔가 분명하지 않아요. 왜 우리는 어른이 되어서도 진아와 계속적인 대화를 하면서 친밀하게 있을 수가 없나요?

융: 진아는 너무 밝고, 우리 안에 있는 신성한 측면이에요. 그 광채가 자아를 약하게 만들어서 자아도 밝다고 생각하게끔 만들죠. 그러면 자아는 일종의 팽창 상태에 들어갈 수 있어요.

노민: 태양에 가까이 날아가려고 했던 이카로스를 생각해보게.

융 박사는 이어서 말했다.

융: 진아는 선생님이고 자아는 학생이라고 생각해보지요. 자아는 진아와 가까이에 있으면서 수업을 듣고 집으로 돌아와요. 진아에게서 떨어져서 배웠던 것을 공부하고 그 가르침을 흡수하지요. 그리고 나중에 다른 수업에서 다시 가까워지죠.

얌투안: 그러면 자아가 진아와 떨어지게 되어서 그 관계를 깨트리면 어떤 일이 일어나죠?

융: 이게 심리적 소외 상태에요. 진아와 접촉이 끊어지면 살아야 할 이유를 잃게 돼요. 당신의 삶은 황폐해집니다. 자아가 성장을 멈추고 자신의 또 다른 부분들을 알기를 멈추지요. 이것이 우리가 사막에 있을 때 일어나는 일이랍니다. 이에 대해서는 나중에 말하기로 하지요. 이런 경우에 문제를 풀기 위해서는 자아와 진아의 대화가 다시 이루어져야 해요. 사막에는 영원히 머물러서는 안 되지요.

맘투만: 비행기는 고장 났는데, 사막에 영원히 머물 수 없다는 참신한 말이 저를 신나게 해주네요.

내 말에 모두가 웃음을 터뜨렸다.

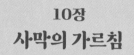

10장
사막의 가르침

한바탕 웃고 나서 내가 말을 이었다.

맘투만: 어떻게 하면 빨리 진아와 대화를 나눌 수 있죠?

노민: 진정하시게. 설명을 재촉하지 말게나. 사막에 불시착한 이런 소외의 경험은 자아가 진아에 접근할 수 있게 하는 데 필요하지. 그건 새로운 수업을 찾는 학생과 같은 경우야. 만일 자네가 사막에 추락하지 않았더라면 어린 왕자나 융 박사, 나도 만나지 못했을 테지.

맘투만: 제가 잘 이해한 것인지 봐주세요. 만일 자아가 진아와 너무 가까이에 있으면 그건 나쁜 일이에요. 그리고 멀리 떨

어지면 그것도 나쁘죠. 가까이 가면 팽창하고 멀어지면 소외되고. 균형은 어디에 있죠?

융 박사가 말해주었다.

융: 삶에서 늘 그런 것처럼 균형은 중도에 있어요. 오고 가며, 주기적으로 접근하고 물러서는 그 가운데에 있죠. 팽창과 소외는 삶의 정상적인 주기를 벗어날 때 위험하고, 그것이 일어나야 할 때에 어긋나도 그렇지요. 그건 당신이 등교 시간을 벗어나서 학교에 가는 것과 같아요. 거기서는 선생님을 찾지 못할 거예요.

어린 왕자: 그게 위험한 건가요?

융: 그럼요. 진아에 계속 머무르게 되면 제정신으로 있을 수가 없어요. 삶은 강물과 같아서 늘 흐르고 있어요. 물길을 멈출 수 없는 것과 마찬가지로 삶을 멈출 수는 없지요. 만일 멈춘다면 어려움에 빠지고 엄청난 시련을 겪어요. 고대의 어떤 부족은 전쟁에서 승리한 전사들이 돌아왔을 때 팽창 상태를 피하기 위해서 그들을 격리시키는 관습을 가지고 있었다고 해요. 전사들은 팽창되어 있어서, 자신들은 무적이고 거의 신과 같다고 생각하면서 자기 나라를

반역하는 데다 힘을 쓰려 들거든요.

노민: 로마에서도 전투를 끝내고 돌아오는 군대가 루비콘 강을 건너지 못하도록 했지. 선불교에는 지적인 팽창을 조절하는 기법들이 있어. 화두話頭가 그런 것인데, 이는 지성을 가지고는 대답할 수 없는 수수께끼 같은 질문이야.

암투만: 저도 그 말을 들은 적이 있어요. 하나 기억하는 것도 있어요. '한 손만으로 어떻게 손뼉을 칠 수 있는가?'

어린 왕자: 벽에 대고 치고, 다리에 대고 손뼉을 치죠.

암투만: 그건 손뼉이 아니야.

종교의 목적

잠깐 말이 없는 사이에 나는 다시 물었다.

암투만: 이런 맥락에서 종교의 목적을 어떻게 설명하시겠어요?

융: 종교는 팽창과 소외에 대한 일종의 집단적인 보호예요. 교회가 잘 굴러갔을 때 사회는 팽창과 소외로부터 보호를 받았지요. 서양에 살고 있는 사람들의 문제는 두 세기 동안 믿음을 지탱해주었던 기독교 상징들이 오래되고 낡아

버렸다는 것에 있어요. 이것들은 더 이상 21세기를 사는 많은 개인들을 위해 작동하지 않아요. 현대인은 점점 더 개인주의자가 되었어요. 우리는 개인주의가 높은 수준을 유지하는 이 새로운 세기에 개인을 지탱해줄 수 있는 새로운 상징들이 필요해요.

맘투만: 21세기라고요? 그건 미래인데요.

융: 시간은 내가 사는 상태로 존재하지 않아요. 과거와 미래는 뒤죽박죽되어 있죠.

융 박사가 말을 이었다.

융: 교회는 집단적 종교를 나타내지요. 인간들은 그와 관련해서 온전한 개인일 수 없어요. 인간들은 신비한 참여 상태에 있어야 해서 자아와 사적이고 개인적인 관계를 가질 수 없어요. 이 개인주의는 현대인 사이에서 점점 더 커져가고 있어요. 이 때문에 니체는 '신은 죽었다'라는 결론을 짓게 되었지요. 교회가 중재 역할을 했던 모든 정신 에너지가 하나도 손실되지 않고 개인에게 되돌아오게 되지요. 이렇게 되면 준비되지 않은 사람들에게 심각한 문제를 일으킨답니다.

맘투만: 이것이 서양인들 특히 젊은이들이 동양 종교를 찾는 이유를 설명해줄 수도 있겠네요?

융: 바로 그래요. 하지만 이상적으로는 그들의 사적인 성장을 위해 동양의 방법을 사용하는 것이지요. 인간들이 새로운 종교에서 또 다른 신비적 참여를 찾기 시작하는 것은 좋은 현상이 아니에요. 그들은 개성화를 성취하려는 목표를 가져야 해요. 말하자면 진아에서 분리되었지만 그와 늘 대화하는 자아를 지닌 개인들이 되어야 하는 거예요.

어린 왕자: 말씀하신 동양의 방법이라는 것은 무엇을 의미하나요?

융: 저보다는 지혜로운 노인께서 더 잘 설명해주실 것 같군요. 나는 떠나야 해요. 세미나의 휴식 시간이 거의 끝나고 있거든요. 어서 그곳으로 가야만 할 것 같네요. 회의가 다시 시작될 거예요.

11장
오랫동안 잊혀온 수행

융 박사가 우리에게 작별을 고하고 떠난 뒤에 지혜로운 노인이 말했다.

노민: 명상은 우리에게 온 가장 중요한 가르침이지. 깊은 명상 상태에서 우리의 자아는 진아와 접촉해. 우리의 신성한 측면과 만나는 거야. 오늘날 우리가 동양에서 들여온 이 방법이 이미 교회에서 사용되어 왔다는 것을 목격하는 것은 참 흥미로워.

맘투만: 저도 들어봤어요. 사막에 사는 사제들이 자신들의 마음을 누그러뜨리는 데 명상을 이용했지요. 그렇죠?

어린 왕자: 사막에 대해 많이 알고 있는 분 같아요.

노인: 정확하네.

지혜로운 노인이 말을 이어갔다.

명상의 방법

노인: 5세기 수도승이었던 요하네스 카시아누스Johannes Cassianus
는 만트라에 기초를 둔 명상을 사용했지. 이 수행은 중세
시기 기독교 교회에서 정상적으로 사용되었던 것이야. 기
독교의 고전인 《무지의 구름》은 14세기에 출판된 것인
데, 명상에 대해 말하고 있어. 20세기에 명상 수행은 영국
의 베네딕트 수도회 수도승인 존 메인John Main을 통해 가
톨릭교회에 새로운 활력을 불어넣었지. 이런 흐름에서 또
한 명의 중요한 인물은 베데 그리피스[15] 수도승인데, 그
는 인도에 가톨릭 아쉬람[16]을 건립했지.

암투만: 그런데 어떻게 명상할 수 있어요?

노인: 그건 쉽기도, 쉽지 않기도 하지.

암투만: 뭐라고요? 놀리시는 건가요?

노민: 무슨 말인지 알게 될 거야. 간단한 소개를 하지. 문제는 자기의 주의를 조절하는 것이야. 마음속으로 소리 내지 말고 만트라를 되풀이해야 해. 그리고 주의 집중이 흐트러질 때마다 다시 주의 집중으로 되돌아가야 해. 자신에게 화내지 말고. 완전히 자신의 만트라에 집중할 수 있기 위해서는 수년 동안의 수행이 필요하기 때문이야.

맘투만: 만트라가 뭐예요?

노민: 되풀이하는 말이야. 명상을 알고 싶은가?

명상법

고요히 앉아서 허리를 똑바로 펴고 가볍게 눈을 감는다.

긴장을 푼 상태에서 정신을 또렷이 하고 앉는다.

조용히 마음속으로 한 단어를 말하기 시작한다.

기도 말로 '마라나타Maranatha'를 권한다.

네 음절을 같은 길이로 반복한다. 마라나타.

부드럽게 계속해서 말하는 것을 귀를 기울여 듣는다.

정신적인 것이든 아니든, 아무것도 생각하거나 상상하지 않는다.

상념이 떠오르면 명상에 방해가 되므로, 그 말을 계속 되풀이한다.

아침저녁으로 20~30분 정도 명상한다.[17]

맘투만: 제가 한번 해보았어요. 하지만 마음속으로 들어오는 생각을 피하는 것이 어렵더군요.

노민: 사실이야. 하지만 걱정 말게. 화내지 말고. 단지 만트라를 암송하는 것으로 되돌아가게. 반복하다 보면 상념을 떠올리지 않고서도 긴 시간을 보낼 수 있을 거야. 특히 마음속에 떠오르는 상념에 당황하지 않도록 하게. 그것을 부드럽게 밀쳐두고서 만트라로 되돌아가게. 당황하거나 화를 내면 중심과 내면의 평화에서부터 크게 멀어지는 거야.

맘투만: 앉는 대신에 누워서도 명상을 할 수 있나요?

노민: 잠들지 않는 거라면 그것도 좋지. 척추를 곧게 펴는 것이 중요하네.

맘투만: 그런데 '마라나타'가 무슨 뜻이에요?

노민: 마라나타는 '하느님, 오소서'라는 옛 아람어지.**18** 하지만 자네가 선택한 단어의 의미가 중요한 것은 아니야. 많은 힌두교인들은 '옴'이라는 말을 사용하네. 중요한 것은 의미를 생각하는 것이 아니야. 어느 것도 생각하지 말게. 그냥 마음속으로 그 소리를 가만히 듣는 거야.

지혜로운 노인이 잠시 말을 멈추자, 나는 지금까지의 가르침들을 음미할 수 있었다. 잠시 후에 다시 말을 시작했다.

맘투만: 좀 더 많은 의식을 얻고, 진아의 더 큰 부분을 흡수하기 위해 저는 어떤 길을 따라야 하나요?

노민: 길은 늘 개인적이야. 이것에 대해서는 다른 때 좀 더 자세하게 이야기 나누세. 동시에 그것은 답이 없는 질문이야. 우리의 길은 무엇인가? 아마도 신비주의자들만이 그 답을 알 걸세. 13~14세기 독일에 살았던 신학자이자 신비주의자 마이스터 요하네스 에크하르트[19]는 그 질문에 이렇게 답했다네.

"이걸 알아야 한다. 모든 생물들은 신처럼 되고자 하는 본성을 가지고 있다. 인간 본성의 목적은 배불리 먹는 음식이 아니며, 편안한 잠자리와 거처도 아니고, 신이 없는 그 어떤 것도 아니다. 인간이 원하든 아니든, 알고 있든 아니든, 본성은 소리 없이 신을 찾고 여기저기 뒤지며, 신이 발견될 수 있을지도 모르는 길을 찾으려 하고 있다."[20]

나는 그 말에 놀라며 이렇게 말했다.

맘투만: 이해하기 어려운 말이네요. 우리는 어떻게 신에게 가까이

다가갈 수 있죠? 폭력과 피로 얼룩진 이 세상에서, 히틀러가 우리 모두를 살육하길 원하는 이 세상에서 말이에요. 자기가 먼저 살아남는 것이 더 중요한 일이 아닐까요?

노민: 아마 에크하르트가 남긴 충심어린 말을 이해할 수 있는 사람은 신비주의자들만이 아닐까 하네. 하지만 질문을 저버리지 않았다면, 신처럼 되는 방법이라는 그 질문이 어떻게 여운을 남기는지 알아보아야 해.

나는 너무 피곤해서 친구들에게 작별 인사도 하지 못하고 잠들었다. 잠자면서 니체를 생각했다. 가능하기나 한가? 그가 말한 대로 신은 죽었나? 아니면 마이스터 에크하르트가 옳은 걸까? '모든 인간은 신처럼 되려고 한다.'

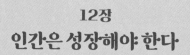

12장
인간은 성장해야 한다

한 날은 고되게 일하고, 또 어떤 날은 실망하고. 귀한 물이 조금 더 사라졌다. 밤이 되자 친구들을 기다렸다. 친구들이 나타나리란 보장이 없었다. 단지 그렇게 되길 바랄 뿐. 비행기 수리를 걱정하고 있지만 사실 이대로 사막에서 죽을까 봐 두렵다. 하지만 질문을 더 하고 답을 듣고 싶었다.

저 멀리서 친구들이 오는 것을 보자 안도했다. 사막은 참으로 외로운 곳이었다. 그들이 내 곁에 앉자마자 대화를 시작했다.

맘투안: 왜 저는 성장해야 하죠?

지혜로운 노인이 내 눈을 가만히 바라보며 답했다.

노민: 인간들은 태어난 이래로, 아니면 그 이전부터 내면에 불
안, 절망, 고뇌를 가지고 있네. 이것들로 인해 자신의 길을
따른다네.

맘투안: 어떤 길을 말이죠?

노민: 이 길은 인간을 어디로 이끌어 갈까? 인간들은 자신의 길
에 대해 잘 모른다네. 그리고 이런 궁금증은 인간만 가지
고 있는 것이 아니야. 그것은 살아 있는 모든 존재에게서
일어난다네. 씨앗은 그 이유를 분명히 알지 못해도 싹을
틔워야 하지. 아기 독수리는 날아야 하며 어린 물고기도
헤엄쳐야 하네. 그리고 인간도 성장해야 하며, 의식에 도
달해야 하지.

어린 왕자: 저는 성장하고 싶지 않아요!

맘투안: 저도요.

어린 왕자가 거의 고함치듯 말했고 내가 그 말을 받았다.

노민: 자네의 절망은 중요치 않아. 인간은 성장해야 해. 영원히
어린이로 있을 수 없어. 자네가 할 수 있고 해야 하는 것은

'어린이처럼' 되는 것이야. 진화의 이 단계를 얻기 위해 자네는 먼저 완벽한 인간의 단계란 무엇인지 알아야 할 거야.

어린 왕자: 하지만 저는 완벽한 인간이 되고 싶지 않아요.

노민: 씨앗, 아기 독수리, 어린 물고기, 아기들이 성장하기를 원치 않는다고 생각하는 겐가? 그 대답은 적절치 않아. 만일 깊은 바다에 떨어졌다면 스스로 떨어졌는지, 누가 밀었는지는 중요치 않아. 최후의 결론은 똑같을 거야. 자네의 유일한 대안이란 어떻게 나는가를 배우는 것이야. 성장은 고통스럽지만 성장하지 않는 것은 치명적이야.

앙투안: 하지만 전 깊은 바다로 떠밀리지 않았어요.

노민: 오, 그래! 자넨 그렇지. 하지만 누구나 삶이라는 깊은 바다에 떠밀려서 태어났지.

지혜로운 노인의 시선이 내게 머물렀다. 마치 내 눈을 바라봄으로써 자신의 말이 내 마음을 움직이게 하려는 것처럼 말이다. 계속해서 말을 이어갔다.

노민: 인간은 자기 정신 내부에 트럼펫 연주자가 있는 채로 태어난 것과 같아. 트럼펫을 불어 앞으로 움직이게 하지. 어

디로 가느냐고? 그걸 인간들은 몰라. 군대를 따라야만 하지.

맘투안: 왜 성장하죠?

노민: 이 질문에 답할 수 있는 소수의 사람들은 분명히 좋은 곳을 여행하면서 여행의 종착지로 들어서고 있는 거야.

나는 지혜로운 노인이 옳을지도 모른다고 생각했지만 그가 말하는 것을 믿고 싶지 않았다. 나는 영원히 어린이가 된다는 생각에 사로잡혀 있었다. 내 생각을 읽어내고 그가 말했다.

노민: 자네는 어려운 결정을 해야 할 걸세. 성장하든지 아니면 남은 생애를 불행하게 살든지. 성장하든지 미쳐가든지. 인간 삶의 목적은 성장하는 것이며, 그것은 의식을 잘 키워내는 것이지. 야훼는 그걸 위해 우리를 필요로 해. 그가 의식에 도달하려면 인간이 필요하거든.

맘투안: 이건 정말 심하네요. 신이 의식에 도달하기 위해 인간을 필요로 한다고요?

노민: 이건 야코프 뵈메Jakob Bohme가 표방한 개념이야. 뵈메는 16~17세기에 살았던 신비주의자이며 신학자이자 연금술사였지.

지혜로운 노인은 잠시 멈추었다가 다시 말을 했다.

노민: 신은 의식에 도달하고자 인간들을 필요로 해. 이런 이유로 그는 그리스도 안에서 신을 갖춘 인간이 되었다네.

나는 멍해져서 지금 들은 것을 믿지 못했다. 이에 대해서는 나중에 생각해보기로 하고, 나는 주제를 바꾸었다.

망투안: '심리적 팽창'이라는 용어를 말씀하셨잖아요. 그것을 좀 더 자세히 설명해주실 수 있나요?

노민: 모든 인간은 자신의 삶을 팽창 상태에서 시작하지. 자기의 자아를 신성한 측면인 진아와 동일시하기 때문이야. 그건 영원히 지속되어서는 안 되는 상태지.

망투안: 어제 말씀하시길 인간들은 여러 단계를 통해서 의식을 얻는다고 하셨잖아요. 어떤 노인들은 오랫동안 살아와서 그런지 높은 의식하고는 동떨어진 것처럼 보이는데, 이는 어떻게 설명할 수 있나요?

어린 왕자는 지혜로운 노인이 대답하기 전에 다시 한번 더 물었다.

어린 왕자가 만난 어른 아닌 어른들

어린 왕자: 저는 하늘을 여행할 때 이해할 수 없는 사람들을 많이 만 났어요. 한번은 여행 중에 아주 작은 별에 갔었죠. 왕이 살 던 곳이었어요. 그는 매우 이상했죠. 아무 신하도 없었던 왕이라서 저를 보자 매우 기뻐했죠. 그 사람은 제가 자기 의 유일한 신하가 될 줄 알았던 거예요. 왕은 명령을 내리 고 명령이 거행되는 것을 좋아했어요. 놀랍게도 그의 명 령은 항상 받들어졌어요. 그 별에 도착했을 때 저는 너무 피곤해서 하품을 했어요. 그러자 그는 저에게 하품을 금 지시켰어요. 제가 하품을 한 이유를 설명하자 하품을 하 라고 명령을 내렸어요. 또한 제가 해 지는 저녁을 좋아한 다고 말하고서 왕에게 해가 지라고 명령을 내려 달라 했 더니, 그는 해가 지는 시간을 계산하고는 그 시간이 되자 해가 지라고 명령했지요. 이런 식으로 그가 내린 명령은 한 번도 받아들여지지 않은 적이 없었죠.

우리 모두는 왕과 그의 나라를 생각하며 웃었다. 아마도 그 왕 은 항상 받들어 모셔질 것이었다. 어린 왕자는 계속 말했다.

어린 왕자: 저는 그가 다스리는 나라에 이제껏 나타났던 유일한 사람일 거예요. 그 왕은 자기의 유일한 신하였던 제가 떠나지 않도록 최선을 다했어요. 그는 심지어 저를 법무부 장관으로 임명하기로 약속도 했어요.

망투안: 법무부 장관이라고? 누구를 심판하지?

어린 왕자: 그게 바로 제가 말했던 거예요. 그 왕은 제가 스스로를 심판할 수 있다고 했어요. 그러고는 이 일이 가장 어려운 일이라는 말을 덧붙였죠.

그때 지혜로운 노인이 말을 덧붙였다.

노인: 이 왕은 바보가 아니야. 스스로를 심판하는 것은 진정으로 너무 어렵지. 그렇게 하기 위해서는 스스로를 알아야 하기 때문이야.

망투안: 저도 압니다. 아폴로 신전의 명문에 '자신을 알라'라는 말이 있죠.

학습의 진도를 증명하고 싶어서 내가 말했다.

노인: 아주 좋아. 난 자네가 학습 진도가 아주 빠른 학생이라는

것을 알고 있었지. 그런데 자기가 배운 것을 실천하는지는 잘 모르겠어. 실천하지 않고 머리로만 아는 것은 별로 가치가 없거든.

어린 왕자가 계속해서 말했다.

어린 왕자: 또 다른 별에서 저는 아주 허영이 많은 사람을 만났어요. 그는 저를 보자 자기를 숭배하는 사람이라고 생각했어요. 자기를 보기 위해 왔다는 거죠.

노민: 거만한 사람들은 늘 자기들이 우주의 중심이라고 생각하지.

어린 왕자: 그는 저더러 박수를 치라고 해놓고, 모자를 벗어 인사하며 저에게 감사를 표했어요. 제가 박수를 치면 칠수록 더 힘차게 모자를 벗고 인사를 했지요. 시간이 흐르자 그가 지쳤다는 것을 알아챘어요. 그래서 박수를 그만 치고 싶었어요. 하지만 지쳤음에도 그는 더 많은 박수를 쳐달라고 했지요.

노민: 거만한 자는 통제하기 쉬워. 단지 그의 허영심을 조정할 수 있기만 하면 돼. 그러면 네가 하고 싶은 대로 무엇이라도 그에게 시킬 수 있을 거야.

어린 왕자가 계속해서 다음 이야기를 말했다.

어린 왕자: 그다음 별에서는 술주정뱅이를 만났어요. 그는 잊기 위해 마셨어요. 제가 무엇을 잊고 싶은지 물었더니 그는 술을 마신다는 수치심을 잊고 싶다고 했어요. 이 말을 듣고 어리둥절해지던 걸요.

노민: 사람들은 성장을 피하고 의식을 얻는 것을 늦추기 위해 제각각 정당한 이유들을 가지고 있지. 하지만 그건 중요하지 않아. 트럼펫은 울리고 있어. 앞으로 나가야지. 만일 복종하지 않으면 감옥행이야. 허영의 감옥, 술의 감옥, 정신의 균형을 상실한 감옥. 우리들 각자도 우리만의 특별한 감옥을 가지고 있지.

어린 왕자: 제가 은하수를 여행할 때는 5억 개의 별을 가졌다고 뽐내는 사업가를 보았어요. 그는 별을 더 갖기 위해 분주했지요. 그리고 지리학자라고 하는 노인도 있었는데 늘 글을 쓰고 있었죠. 한 번도 책상을 떠난 적이 없었다고 해요.

노민: 살려고도 하지 않았지.

어린 왕자: 가장 이상했던 만남은 가로등을 켜는 사람이었어요. 저는 그 사람이 안쓰러웠어요. 그 사람은 밤에 등을 켜고 낮 동안에는 등을 끄는 규칙을 따라야 했어요.

노민: 높은 의식 수준에 도달하지 못한 사람은 규칙을 따라야 한단다. 그래서 예수가 말씀하였지. "사람의 아들이 바로 안식일의 주인이다."**21**

어린 왕자: 그 말이 무슨 뜻인지 명확히 모르겠어요.

노민: 지은이가 알려지지 않은 어떤 경전에서는, 토요일에 일하는 것이 금지된 모세의 법에 대한 예수의 답변을 설명하면서 이런 말이 나오지. "네가 하는 일이 무엇인지를 알면 너는 축복을 받을 것이고, 그러지 않다면 너는 법을 어긴 것이므로 비참하게 될 것이다."

암투만: 사람들은 자신이 의식적이기만 하다면, 자신이 원하는 것은 무엇이라도 할 수 있다고 암시하시는 건가요?

어린 왕자: 살인도 할 수 있는 건가요?

노민: 만일 사람들이 자신이 하고 있는 것을 의식한다면, 그렇지. 더 나아가 모세가 하느님의 천사인 키드르를 만난 이야기를 해줘야겠구나. 그러면 이해하게 될 거야.

가로등을 껐다 켰다 하는 사람

어린 왕자가 가로등을 켜는 사람의 이야기를 다시 꺼내면서 대화에 끼어들었다.

머린 왕자: 문제는 그가 사는 별이 너무 빨리 자전한다는 거죠. 밤에
서 낮이 되고 낮에서 밤이 되며 별이 돌 때, 이전보다 점점
그 주기가 짧아지는 거예요. 그래서 몇 분 안에 자전하니,
가로등에 불을 붙이고 불을 끄는 일을 계속 되풀이하느라
쉴 시간이 없어요.

노민: 우리가 이런 별들에서 보는 것은 자기들 삶과 그다지 관
련이 없는 잡다한 일들로 아주 바쁘다는 것이야. 어린 왕
자는 그들을 만화처럼 묘사하고 있어. 그건 마치 어른이
되는 것은 나쁜 일이라고, 앙투안 자네를 설득하고 싶어
서 그런 것 같아. 사실상 어린 왕자가 말해준 이 사람들
은 어른이 아니야. 그들은 햇수를 채우며 살아갈 수는 있
겠지만, 자신들의 정신을 발달시키지 않았어. 개성화라
는 자신만의 여행을 떠나지도 않았으니, 진정한 의미에서
어른이라고 불려서는 안 되지. 이에 대해서는 다음에 다
루기로 하자고. 나는 어린 왕자가 지구에 오기 전에 여행
을 하며 만났던 사람들은 부러워할 필요가 없다고 말하고
싶어.

머린 왕자: 저도 그렇게 생각해요. 저는 제 삶이 제가 만났던 사람들

처럼 변하는 것을 바라지 않아요.

노민: 이 세상은 네가 말했던 것과 같은 사람들로 가득 차 있단 다. 하지만 네가 보여주었던 그런 사람들로 어른을 일반 화하지는 말자.

이번에는 내가 갑자기 대화에 끼어들었다.

망투만: 그게 무슨 뜻이에요?

노민: 사람은 나이를 먹어가면서 더 이상 어린이의 몸을 가지고 있지 않지만, 직업을 가지고 있으며 어쩌면 가족을 부양 하고 있는지도 모르지. 하지만 온전한 어른이라고 생각될 수 있는 사람들은 거의 없어 보여. 그들은 삶에 붙잡혀 있 어. 몸만 자랐지, 정신은 자라지 않았어. 이렇게 말만 어른 이라고 할 수 있는 사람들은 어린 왕자가 여행하면서 만 났던 인물들에 자신을 비춰볼 수 있을 거야. 하지만 다른 유형의 어른들도 있어. 그들은 좀처럼 많지 않아.

망투만: 다른 유형의 사람들을 말해주세요.

노민: 그 전에 가로등을 켜는 사람을 더 살펴보아야겠다. 그를 어떻게 생각하니?

망투만: 저요…? 글쎄요. 제게 그는 또 한 명의 바보스러운 어른인

152

것 같은데. 쓸모없는 일에 삶을 낭비하는 그런 사람⋯.

노민: 그건 맞아. 하지만 그도 매순간 계속해서 더 빨리 회전하고 있는 현대의 삶을 나타내는 하나의 상징이야. 인간들이 멈춰서 생각하는 법을 배우지 않으면, 지루해서 죽을 때까지 매번 더 빠르게, 더욱더 빨리 가로등을 켜고 꺼야 할 거야. 그들은 뉴욕에 살고 있다고 해도 실은 사막에 있는 셈이지.

맘투안: 우리 모두는 사막을 통과해야 하나요?

노민: 내일 더 토론하지. 그동안 사막에서 혼자 자야 해.

이 말을 남기고서 노인과 어린 왕자는 웃으면서 어두운 밤 속으로 사라졌다.

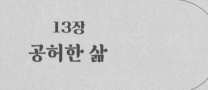

13장
공허한 삶

다음 날 그들이 나타났다. 사막에 억지로 묶인 내 처지에 생기를 불어넣어주기 위해서다. 나는 전날 밤에 했던 질문을 되풀이했다.

망투안: 우리 모두는 사막을 통과해야 하나요?

지혜로운 노인이 답하기 전에 어린 왕자가 먼저 말했다.

어린 왕자: 모든 것을 알고 계시잖아요. 앙투안이 왜 사막에 있는지 설명해주실 수 있으시죠?

망투안: 그건 내가 답할 수 있는 질문이야. 내 비행기가 추락했거든.

노민: 그러면 왜 추락했을까? 일이란 단순하게 우연히 일어나지 않는 법이란다.

지혜로운 노인이 말을 이어갔다.

노민: 우연은 존재하지 않아. 자네는 사막에 떨어져야만 했지. 모든 사람이 이러한 경험을 통과해야 해.

맘투만: 하지만…. 살아생전에 단 한 번이라도 사막을 구경할 일이 없는 사람도 많아요.

노민: 그들은 가까이 다가갔거나, 아니면 다가가게 될 거야. 꼭 사막일 필요는 없어. 상징적인 사막이지. 뉴욕에 사는 사람들 일부는 사막에 있다고 장담할 수 있지.

맘투만: 사막에요? 이해하기 어렵네요. 사막 근처에 한 번도 가보지 못한 사람들이 많아요.

노민: 상징적 사막이야. 자넨 사막에 있다고 생각하지. 자네 안에 사막이 정말로 존재할 때 말이야.

맘투만: 도대체 무슨 소리예요?

노민: 정신적 가치를 상실하면 인간은 삶에서 객관성을 상실해. 자신의 삶에 대한 어떤 의미도 없이 살게 되지. 그런 사람들의 삶은 공허해질 수밖에 없어. 왜 살지? 부자가 되기

위해, 별을 더 모으기 위해, 충성스러운 신하가 되기 위해, 더 많은 술을 마시기 위해, 더 많은 등불을 켜고 *끄*기 위해, 더 많은 자동차를 소유하기 위해?

맘투안: 제가 잘 이해했다면 방금 말씀하신 것은 사업가, 지리학자, 술주정뱅이, 왕인데… 이들이 사막에 갇혔나요?

노민: 그래, 그게 내가 이해시키고 싶었던 거야. 그러나 그들은 자기의 공허한 삶에 마음을 바쁘게 만들어주는 일들을 채우려고 애쓰고 있어. 자신들의 사막을 생각해야 하는 일을 피하기 위해서지. 《성서》에 나오는 요나의 이야기를 기억하는가?

맘투안: 글쎄요. 실토하자면 《성서》를 읽은 지가 너무 오래되었어요.

요나의 사막, 중년의 위기

노민: 하느님이 요나에게 니네베로 가서 신의 말씀을 설교하라고 명령했지. 하지만 요나는 두려워서 하느님의 말씀을 받들고 싶지 않았어. 그는 도망쳤지. 그는 다시스로 가는 배를 탈 수 있는 표를 샀어. 하느님이 내린 일을 저버릴 수

있을지도 모른다고 생각한 게지. 바다 한가운데서 폭풍을 만나 배가 침몰할 위험에 빠졌을 때, 뱃사람들은 요나가 하느님의 명을 어긴 것을 알고서 그를 바다에 던졌지. 그러자 폭풍이 가라앉았어. 커다란 물고기가 나타나 그를 삼켰지. 물고기의 배 속에서 요나는 하느님에게서 도망치는 것은 소용없다는 것을 깨닫고서 기도를 했어. 하느님은 물고기가 요나를 바닷가에 내려주도록 자비를 베풀었지. 거기서부터 요나는 하느님이 내리신 명령을 이뤄내기 위해 니네베로 걸어갔단 말이야.

어린 왕자: 요나의 사막은 고래의 배 속이라고 말하시는 건가요?

노민: 바로 그거야.

암투안: 그래서 누구든 자기의 사막에서 도망칠 수 없는 거네요?

지혜로운 노인은 한숨을 크게 내쉬고 나서 말했다.

노민: 원시 시대에 인간들이 자신이 속한 무리와 공생하며 살았을 때, 그 시기는 개인이라는 개념이 발달하지 않아서 사막에 이르지 않고도 삶을 통과할 수 있었지. 전부 다 그런 것은 아니었어. 샤먼들은 사막에서 자신들의 힘을 스스로 찾아야만 한다는 것을 알던 사람들이었어. 그건 생존의

문제였지. 그들은 말뜻의 진정한 의미에서, 개별자들, '개
인들'이었어.

맘투만: 지금 세상에서 우리가 샤먼이 될 수 있나요?

노민: 지금 세상에서 우리들 대부분은 개인들로 변형되어야 하
지. 현대인은 위기를 통과하고 있어. 우리 모두, 아니면 적
어도 부모들은 십대의 위기를 잘 알고 있지. 그러나 덜 알
려져 있기는 해도 중년의 위기도 마찬가지로 중대해. 그
것이 사막의 위기야.

맘투만: 그런데 모든 이들이 위기를 통과하나요?

노민: 아니. 어떤 사람들은 직업에서 안전하게 숨을 곳을 찾지.
그들은 삶을 생각하지 않아도 되게끔 자신들을 계속 바쁘
게 만들어. 어린 왕자는 여행을 하면서 내가 말하는 다양
한 사례들을 발견했지. 삶을 생각하지 않는 데 성공한 사
람들, 이들은 자신들의 관심을 일로 대체하고 자신들을
쉬지 않고 바쁘게 하거나, 아니면 걱정거리를 계속 만들
어내지. 아마도 죽을 때나 되어서야 이런 위기를 체감할
수 있으려나. 사람들이 어떤 대의명분에 헌신을 다하는
것은 아주 흔한 일이야. 이를테면 사회주의, 자본주의, 공
산주의, 어떤 '주의'인지는 중요치 않아. 자신들이 인류를
구해내고 물질적인 생각에서 벗어날 수 있다고 생각하면

서, 삶을 생각하기를 피하면서 말이지.

앙투안: 그들에게 어떤 일이 생기죠?

노민: 융 박사가 자신의 회고에서 아주 흥미로운 관찰을 했지. "나는 사람들이 신경증에 잘 걸리는 때를 자주 보았다. 삶의 문제에 대해서 부적합하거나 잘못된 답에 스스로 만족할 때가 그때였다. 그들은 지위, 결혼, 평판, 돈을 버는 외적인 성공을 추구하면서 불행해지다가 신경증에 걸린다. 심지어는 자신들이 추구하고 있던 것을 얻게 될 때도 그랬다. 그러한 사람들은 보통 정신의 지평이 너무 협소하게 제약되어 있다. 그들의 삶은 충분한 내용과 충분한 의미를 가지고 있지 않다. 만일 그들이 어떻게 해서든 좀 더 폭넓은 인격을 발달시키려고 한다면, 신경증은 일반적으로 사라진다."**22**

우리는 이 세상에 혼자 있다

지혜로운 노인은 잠시 멈춰서 내가 이 심오한 융의 가르침을 음미할 시간을 주었다.

망투안: 이 위기에서 도망칠 수는 없겠네요?

노민: 어떤 사람들은 도망치기도 해. 그들 모두가 끝에 가서는 자기의 악마를 깨워서 그들만의 특별한 지옥에 떨어지지. 또 몇몇은 우울증에 걸리고. 어떤 사람들은 난잡한 성행위, 억제되지 않은 권력 추구, 음주, 마약, 과도한 위험을 쫓다가 생긴 사건들, 이러한 파괴적인 행위들에 무릎을 꿇어. 그들은 5억 개 별의 주인이 되고, 별 볼 일 없는 왕들이 되고, 가로등을 켜고 끄며, 다른 물질적 일들에 온통 신경을 쓸 거야.

망투안: 모든 인간들에게 다 일어나는 일인 건가요?

노민: 그래, 어느 정도는 그렇지. 그들이 자신들은 더 이상 젊지 않다는 사실을 인정하기는 어려워. 어떤 이들은 심지어 자살에 호소하기도 하지. 이게 우리가 끔찍한 악몽에서 볼 수 있는 우리 삶의 현재이지. 우리는 그 꿈속에서 도망치고, 잠에서 깨고, 퇴행하고, 아니면 어린 시절로 되돌아가고 싶어 하지. 이는 앞으로 나간다는 것이 우리가 항상 의심스러워하는 위대한 진리를 인정하고 받아들여야 한다는 것을 의미하기 때문이야. 그 진리란 이렇지. '우리는 이 세상에 혼자 있다.'

망투안: 이 세상에 혼자라고요? 아이나 아내는 어떻게 하고요?

노민: 비록 너를 사랑하는 아내와 너를 너무 좋아하는 아이들이 있다고 해도, 삶과 죽음에 대해 생각하기를 멈추는 어떤 중대한 순간에 있을 때 너는 혼자라는 것을 잊지 못할 거야. 특히 죽을 때 이는 특별한 경험이 되지. 너만의, 오직 너만의 경험이야.

14장
단테의 길

어린 왕자: 제가 만났던 왕, 사업가, 술주정뱅이, 가로등 켜는 사람, 지리학자들이 기억나요. 그 사람들은 모두 자기 별에 혼자 있었어요.

노인: 물론 그들은 사막에 있지. 자신들의 위기를 잊으려 애쓰고, 자신들의 사막을 인정하지 않으려 하면서 말이야.

어린 왕자: 이 위기를 해결하기 위해서는 무엇을 할 수 있죠?

노인: 사막으로 가서 자신의 삶을 다시 생각하는 것. 어떤 이들은 심리치료를 받으면서, 또 어떤 이들은 혼자서 위기를 극복하지. 그런데 어떤 사람들은 위기를 부정하면서 강박적인 행동들에 빠지기도 해. 어린 왕자가 여행하면서 만

났던 사람들의 사례와 같은 것들이 있지. 너는 위기를 모면하고자 애쓰는 사람들의 여러 형태를 만났던 거야. 문제는 그 사람들은 인정하는 과정을 연기하고 있다는 데 있지. 위기가 닥칠 때 그것은 훨씬 더 강력해져서 그들은 이를 다룰 준비가 전혀 되어 있지 않다는 것을 알게 되지. 중년의 위기를 60대나 70대가 되었을 때 극복하려고 하면 훨씬 더 힘들어.

지혜로운 노인은 말을 잠시 멈추면서 내가 그것을 가슴속 깊이 이해할 수 있게 기다려주었다. 잠시 뒤에 계속 말을 했다.

노인: 단테 알리기에리Dante Alighieri는 《신곡》 첫머리에서 중년의 위기를 통과하는 인간들의 상태에 대한 멋진 묘사를 했지.

<hr />

삶이라는 여정이 반쯤 지난 즈음에 제대로 된 길을 벗어나,
어둑한 숲에 있다는 것을 알아챘네.
아! 이 숲이 얼마나 인적이 끊기고 거칠고 사나운지 말하기도 어렵네.

생각만 해도 몸서리가 쳐지네.

너무도 괴로우니, 죽음도 이보다 더하지 않으리.[23]

망투안: "너무도 괴로우니, 죽음도 이보다 더하지 않으리." 이 위기는 정말 간담이 서늘해지네요.

노민: 괴테는 《파우스트》에서 사막을 통과하는 이 길에 대한 이미지를 보여주었지.

슬프다! 아직도 난 이 감옥에 갇혀 있단 말인가?

이 끔찍하게 어두운 벽 속의 골방,

이곳에 저 다정한 하늘의 빛까지도

채색된 창유리를 통해 침울하게 비쳐드는구나.

방이 비좁도록 들어찬 이 책더미

좀이 슬고 먼지가 뒤덮인 채

높은 원형 천장까지 맞닿아 있다.[24]

중년의 예술가들이 내놓은 심오한 작품

노민: 단테가 보여준 것처럼 많은 이들이 중년의 위기에서 도
망치려고 하지. 또 다른 사람들은 용감하게 그것에 맞서
고. 이는 서양 문화의 위대한 예술가들이 남긴 작품들에
서 볼 수 있지. 고갱은 서른다섯 살에 화가가 되고자 직
장이었던 은행과 아내를 떠났네. 마흔한 살에 그는 후
기 인상파 화풍을 대표하는 인물이 되었지. 셰익스피어
는 또 다른 사례야. 그가 쓴 가장 심오한 작품들은 중년
의 위기를 극복하고 난 삶의 후반기에 탄생했지.《로미오
와 줄리엣》같은 빛나는 작품들에 풍부하게 등장하는 비
극적인 장면들은 중년 이후에나 생겨났어. 그는 단테가
묘사한 것과 똑같은 우울을 느끼고 있었던 것이 확실하
다네.

솔직히 말해서 파우스트와 단테의 우울을 느끼는 것은 매
우 힘들 것이라네. 자네에게 전에 말하기도 했지만 다시
한번 더 말해야겠네. "이 위기를 건너뛸 수 있는 길은 없
지 않은가?"

우연의 일치든 아니든 간에, 결국 우연은 존재하지 않아.
중년의 위기를 통과했어야 할 그 시기에 죽은 유명한 예

술가들이 많지. 모차르트, 쇼팽, 슈베르트, 라파엘, 보들레르, 바토[25] 같은 사람들이 그랬어.

앙투안: 그들이 이 위기에서 벗어나고자 자살할 수도 있었을까요?

노민: 그건 너무 과한 말이야. 사실 이 위기를 겪는 사람들은 아주 연약해져서 쉽게 병에 걸릴 수도 있어. 안정된 직업을 버리고 그림을 택한 고갱처럼, 어떤 도피들은 훨씬 더 위험한 모양새를 띠는 것도 사실이야. 하지만 이런 사람들은 아주 큰 위험을 택하면서 위기를 자초하려고 애를 쓴다네. 그들은 사고에 노출되기도 쉬워. 비행기를 타고 하늘을 날기 좋아하는 앙투안 자네도 위험한 비행을 하지 않도록 주의해야 하네. 특히 극도로 위험한 전쟁에서 임무를 수행할 때 더욱 그렇지.

이번에는 어린 왕자가 웃으며 말했다.

어린 왕자: 제가 하늘을 나는 것도 도피일 수 있나요?

노민: 너는 '푸에르 아에테르누스'이고 진정으로 꿈과 같은 존재야. 결코 중년의 위기 따위는 겪지 않을 거야. 하지만 네가 살던 별에서 달아나, 단조롭고 지루한 일상을 탈출하려고 하다가 지금은 그것이 그리운 거야. 이런 사실을 부

정할 수는 없지.

어린 왕자: 그건 사실이에요. 저는 제가 살던 조그만 별이 그립다고 솔직히 말해야겠네요.

맘투안: 오, 아니야. 넌 나랑 친구하면서 이 지구에서 더 행복하게 살 수 있을 거야.

어린 왕자는 내게서 눈을 돌려 하늘을 쳐다보았다. 나는 가슴이 철렁했다. 사실이었던 거야…?

지혜로운 노인이 말했다.

노인: 위기를 극복한 사람들을 위해 좋은 것은 성숙해지고 더 심오해지는 거라네. 이미 셰익스피어와 괴테의 작품들을 말했지. 여기에 베토벤도 덧붙일 수 있어. 중년 이후에 지어진 그의 작품들은 훨씬 더 원숙했지. 만일 모차르트의 청년기 작품과 베토벤 말년의 작품을 비교한다면 그 차이점은 놀랍지. 모차르트가 자기 삶의 후반부를 살지 못한 것이 유감스럽네. 삶의 전반부에 남긴 음악이 신이 주신 보물이라면, 그가 마흔 이후에 작곡했을 곡들은 얼마나 대단했을지 상상할 수 있지. 그것만큼 간단한 것은 없어. 스물세 살에 한 창작 과정은 삶의 후반부에 한 것들

과 달라. 젊었을 때는 자발적이고 강렬한 방식으로 창작해. 작품은 실질적으로 준비된 상태로 마음에 떠오르지.

맘투만: 그게 제가 책을 쓴 방식이에요.

노민: 그와 비슷한 최고의 예가 바로 모차르트라네. 영화 〈아마데우스〉를 봤던 사람이라면 누구라도 내가 말하는 것이 뭔지 알 걸세. 삶의 후반부에 살리에리 영감은 젊은 시절처럼 더 이상 강렬한 작품이 나오지 않아. 예술가들은 나이가 먹을수록 일을 더 잘해야만 해. 그 결과로 훨씬 더 성숙하고 심오한 작품이 생겨나. 베토벤이 말년에 남긴 교향악과 현악 사중주들이 이를 증명하지.

맘투만: 하지만 모차르트도 오페라 〈돈 조반니〉를 남겼잖아요.

노민: 자신의 죽음을 예감한 듯한 작품이야. 예외가 없다고 말할 수는 없겠지. 하지만 성장하기 위해서는 사막을 통과해야만 해.

날 찾아왔던 친구들이 떠나자 피곤해졌다. '신은 죽었다'를 선언한 니체, 에덴의 낙원, 아담과 이브에 대한 야훼의 정의, 내가 통과할까 말까 생각 중인 끔찍한 중년의 위기 등을 생각하며 잠들었다. 나는 심지어 비행기가 고장 난 것도 까맣게 잊고 있었다.

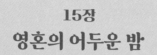

15장
영혼의 어두운 밤

고된 일을 했으나 별로 소득이 없는 날이 이어졌다. 더불어 귀한 물이 조금씩 사라진다. 이제 3일 정도 버틸 물만 남았다. 자포자기했지만 밤에 친구들이 찾아왔다. 친구들은 현실이 아니길 비는 이 마음을 잠깐이나마 달래준다. 우리는 추운 사막의 밤을 데우기 위해 내가 지핀 불가에 둘러앉았다.

먼저 입을 뗀 것은 지혜로운 노인이었다.

노인: 자네는 기억하는가? 어린 왕자가 지구에 처음 왔을 때 꽃 한 송이를 발견한 일 말이야.
어린 왕자: 맞아요. 그건 꽃잎이 세 장뿐인 작은 꽃이었어요. 저는 사

막에 혼자 있어서 그 꽃을 불쌍하게 여겼죠.

앙투안: 불쌍하게 여겼다고? 혼자 있었기 때문에? 하지만 너도 네 별에서 혼자 살고 있었잖아?

어린 왕자: 아니에요. 꽃 한 송이가 친구였어요. 장미꽃이에요. 그리고 나한테 그려준 양들도 있어요.

노민: 사막의 꽃은 인간들에 대해 무엇을 말해주던?

어린 왕자: 제가 인간은 어디에서 왔냐고 물었더니 그 꽃이 인간들은 뿌리가 없어서 바람이 부는 대로 날려 왔다고 했어요.

노민: 바람이 부는 대로 날려 왔다….

지혜로운 노인이 어린 왕자의 말을 따라 했다.

바람에 따라 날아갈 사람들

노민: 바람은 의식이 없는 사람들을 날려버리지. 그것은 왕, 사업가, 가로등 켜는 사람, 지리학자들을 실어 나르지. 하지만 사막에서 충실히 살면서 더욱더 의식적으로 변하기 위해 배우는 사람이나, 사막을 정원으로 바꾸는 사람에게는 그렇지 않지.

어린 왕자: 하지만 술주정뱅이는 자기 문제를 잘 알고 있어요. 그는 잊기 위해 마셔대는 거예요.

노인: 확실해. 그는 이런 자들 가운데서는 가장 진화되었을지도 몰라. 그는 자기가 지닌 위기를 알아챘어. 하지만 그것에 직면해서 앞으로 나갈 만한 용기가 부족했지. 그는 트럼펫의 소리를 들었지만 앞으로 나가길 거부했어. 죽을 때까지 퍼마시면서 자신이 사막에서 살고 있다는 것을 인정해야 한다는 사실을 회피했지. 다른 이들은 훨씬 더 원시적인 상태에서 놓여 있어. 그들은 다른 사람들이 하는 대로 하고 개인이 되는 것에 대해 별로 고민하지 않지. 어떤 의미에서 이들은 '신비적 참여' 상태에서 살고 있다고 할 수도 있을 것 같아. 일에 빠져 있고 경력을 쌓는 데만 눈이 멀어서 그것들과 한몸이 되어, 생기 있는 삶을 망각한 채로 사는 방식도 일종의 신비적 참여 상태가 아닐까? 아주 슬픈 일이지.

맘투만: 저 제대로 이해 못했어요.

노인: 중년이 되기 이전에는 자기 경력과 사업에 우선권을 두는 것이 정상이야. 이는 자아가 진아와 거리를 두면서 성장하는 길이지. 그러나 이 길은 삶 전체에 해당할 수는 없어.

맘투만: 중년에 이르면 자기 경력과 직업을 버리고 자신의 정신적

발달에만 집중해야 한다고요?

노민: 내가 말한 것은 그게 아니야. 삶을 살아갈 수 있지만 자기
의 정신적 성장에 어느 정도 시간을 쏟아야만 해. 삶에 내
릴 닻을 손질해야 하는 거지. 신성한 것과 맺은 관계가 낡
아빠지게 될 때 삶을 상실하는 거야.

맘투만: 신성한 것과 맺은 관계요?

노민: 이 이야기는 나중에 더 하지.

나는 다시 노인에게 물었다.

맘투만: 왜 사업가들은 사막을 통과해서는 안 된다고 하신 거죠?

노민: 그는 술주정뱅이와 같아. 하지만 덜 진화되었을 뿐 여전
히 무의식적이지. 그가 하는 일이 그가 마시는 술이고, 약
이야. 그는 이 약에 취해 있어. 그래서 그의 마음은 삶을
생각하지 않지. 하지만 어느 날엔가 사막에 치일 거야.

맘투만: 그래서 그는 저보다 더 행복할까요?

노민: 행복은 정의내리기 어려운 개념이야. 그는 자네보다는 더
무의식적이라고 말하고 싶네. 더 행복하다고? 그는 갑작
스러운 죽음이 구해주지 않는다면 나이가 더 들어서 일할
수 없거나, 아니면 아플 때나 자신의 사막을 직면해야 할

거야. 위중한 병에 걸려서야 삶을 생각하겠지. 그건 참 잔인해. 그런데 무의식적인 사람들에게는 훨씬 더 잔인해.

맘투안: 그래서 사업가가 되지 말아야 한다고요?

노민: 그렇지 않아. 어떤 직업이든 간에 강박적인 일은 심리적 성장에서 여전히 도피하는 것이야. 자네는 성장을 망각하더라도 사업가가 될 수 있어.

맘투안: 그러나 강박적으로 일하는 사람인 경우라면 그의 무의식이 그를 지켜주나요?

노민: 어느 날 그는 죽음을 생각해야 할 거야. 하지만 그때가 되면 성장하기에는 너무 늦지, 일찍 죽는다면 말이야. 그렇게 되더라도 대부분의 문화권에서는 환생을 믿고 있어. 불교는 우리가 사는 각각의 삶이란 배우기 위해서 사는 삶이며, 배우지 못한 사람은 낙제를 할 것이고, 그러면 다시 태어나서 또 삶을 되풀이하는 거라고 하지.

맘투안: 만일 사람이 갑자기 죽어서 자기의 사막을 탈출할 수 있다면 다시 환생하게 될 것이라고 말하시는 건가요?

노민: 내 말이 아니라 불교의 가르침이 그렇다는 거야. 이번 생애에서 배우지 못한 가르침은 다음 생애에서 반복된다고 말하지.

맘투안: 그럼…. 각 생애에서 배우고 싶은 수업이나 가르침을 제

가 선택할 수 있나요?

노민: 아니! 선택하지 못해. 선택되는 거야.

맘투만: 선택하는 존재로부터 숨기 위해 제가 할 수 있는 것은 아무 것도 없네요?

살짝 핀잔하는 듯한 말투로 지혜로운 노인이 답했다.

노민: 어떨지 몰라. 하지만 제안을 하나 하지. 어떤 책을 고를지 조심하는 거지. 너무 심오한 책은 절대 읽지 마. 되도록이면 전혀 읽지 마. 또 생각을 피해. 양치기가 깊은 물로 뛰어 들어갈지라도 양치기를 따르는 양처럼 되어야 해. 양치기를 절벽에 모는 것만으로도 늑대 한 마리가 양 떼 전체를 죽이는 경우도 있지. 또는 더 큰 안전을 위해서 양을 상자 속에 넣는 거야. 이렇게 하면 꽃을 먹지 않을 거야.

어둠 속에서 신 만나기

맘투만: 아직도 제 질문에 답해주지 않으시네요. 저는 어떻게 사막을 에덴의 낙원으로 바꿀 수 있을까요?

노민: 나는 그 방법을 보여줄 수가 없네. 그건 지극히 개인적인 것이야. 오직 자네의 방법이야. 내가 할 수 있는 것은 여행의 목적지에 도착해서 자신의 낙원을 발견했던 몇몇 개인에 대한 이야기를 해주는 거야. 십자가의 성 요한[26]이 한 사례지. 그는 자기의 사막을 〈영혼의 어두운 밤〉이라는 시로 표현해서, 그것을 신에게 더 가까이 가는 기회로 만들었어. 그가 자신의 체험을 어떻게 표현했는지 보세나.

영혼의 어두운 밤

어느 어두운 밤에

사랑에 타 할딱이며

좋을시고 행운이여

알이 없이 나왔노라

내 집은 이미 고요해지고

변장한 몸, 캄캄한 속을

비밀 층대로 든든하이

좋을시고 행운이여

캄캄한 속을 꼭꼭 숨어

내 집은 이미 고요해지고

상서로운 야밤중에
날 볼 이 없는 은밀한 속에
빛도 없이 길잡이 없이
나도 아무것 못 보았노라
마음에 속 타는 불빛밖엔

한낮 빛보다 더 탄탄히
그 빛이 날 인도했어라
내 가장 아는 그분께서
날 기다리시는 그곳으로
누구도 보이지 않는 바로 그쪽으로

아, 밤이여 길잡이여
새벽도곤 한결 좋은 아, 밤이여
꾀하는 이와 꾐받는 이를
님과 한몸 되어버린 괴이는 이를
한데 아우른 아하, 밤이여

꽃스런 내 가슴 안
오로지 님 위해 지켜온 그 안에
거기 당신이 잠드셨을 때

나는 당신을 고여드리고

잣나무도 부채런 듯 바람을 일고

바람은 성 머리에서 불어오고

나는 님의 머리채 흩어드릴 때

고요한 당신의 손으로

자리게 내 목을 안나주시니

일체 나의 감각은 끊어졌어라

하릴없이 나를 잊고

님께 얼굴 기대이니

온갖 것 없고 나도 몰라라

백합화 떨기진 속에

내 시름 던져두고**27**

노민: 십자가의 성 요한은 이 아름다운 시를 설명하면서, 신의
  품에 안긴 이 어린 영혼들은 어두운 밤을 지나며 점차 성
  장해나가기 시작한다고 말했지.

망투안: 성 요한은 자신의 사막을 꽃이 만발한 정원으로 변형시킬
  수 있었어요. 그러나 그는 성인이죠. 매우 드문 일이에요.
  제가 어떻게 똑같이 할 수 있겠어요?

노민: 과제는 우리 모두에게 똑같아. 신에게 더 가까이 다가감,
너 자신을 알아야 함, 좀 더 많은 의식을 얻는 것. 그 어떤
이름을 붙이더라도 과제는 성취되어야 해. 아니면….

지혜로운 노인은 말을 하다가 중간에 멈췄다.

망투만: 아니면 뭐요?
노민: 한 해에 실패하면 다음 해에 다시 반복할 거야. 다른 모습
을 하고서, 네 배움을 완성하기 위해 이 세상으로 다시 돌
아와야 할 거야.

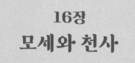

16장
모세와 천사

지혜로운 노인이 내게 해준 말을 곰곰이 생각한 후에 나는 새로운 질문을 했다.

맘투만: 어떻게 저의 자아가 진아의 의식을 얻을 수 있죠?

노민: 진아 전체의 의식을 얻을 수는 없고 단지 그 작은 부분의 의식을 얻을 수는 있지. 진아는 전체성이며 그것은 신성해. 인간들이 추구해야 하는 것은 자신들의 신성한 측면이 가진 그 비밀을 조금 흡수하기 위해 대화하는 것이야. 인간이 진아의 전체성과 섞이는 것은 불가능하지만 그 부분적인 의식을 얻는 것은 중요하지. 내가 《쿠란》**28**에 있

는 이야기를 하나 해줄게. 모세가 키드르를 만난 일화야.
키드르는 하느님의 천사지.

신의 뜻을 다 알 수는 없다

모세가 키드르에게 말했다.

"당신이 하느님으로부터 배운 지식을 배울 수 있도록 제가 당신을 따라가도 되겠습니까?"

키드르가 답했다. "나와 함께하는 것을 참아내지 못할 것이오. 당신의 머리로 이해할 수 없는 것을 과연 참아낼 수 있을까? 그럼에도 나를 따르고자 한다면, 내가 말할 때까지는 아무것도 질문해서는 안 될 것이오."

이렇게 둘은 출발했고 얼마 후 배를 탔다. 그런데 천사 키드르가 배에 구멍을 내었다.

모세가 말했다. "배에 탄 사람을 다 죽이려 하십니까? 정말로 괴이한 일을 하시는군요."

키드르가 답했다. "그래서 나와 함께하는 것을 참아내지 못할 것이라 말했잖소?"

모세가 말했다. "제가 잊은 것을 탓하지 마시고 제 잘못을 심하게 나무라지 마십시오."

둘은 계속해서 길을 가다가 한 소년을 만났는데, 키드르가 그 소년을 죽였다. 이때 모세가 말했다. "죄 없는 어린아이를 죽이시다니 정말로 끔찍한 일을 하시는군요!"

키드르가 답했다. "그래서 나와 함께하는 것을 참아내지 못할 것이라 말했잖소?"

모세가 말했다. "이제부터 만일 제가 당신께 무언가를 묻는다면 저를 데리고 가지 않으셔도 됩니다. 저는 변명할 여지가 없습니다."

그러고 나서 계속 여행을 하는 동안 어떤 마을에 이르러 먹을 것을 구했지만 마을 사람들은 그 둘을 손님으로 대접하지 않았다. 둘은 막 쓰러지려는 담장을 보았다. 키드르가 담장을 고쳐 세우니 모세가 말했다. "원하신다면 담장을 다시 세워준 것에 대한 보상을 받으실 겁니다."

키드르가 말했다. "자, 헤어질 때가 되었소. 이제 당신이 참을 수 없었던 일들에 대해서 해명해주겠소. 처음에 겪었던 배에 대한 것이오. 바다에서 일하는 가난한 사람들이 가진 것인데도 그 배에 구멍을 낸 이유는 그들 뒤에 모든 배들을 강제로 빼앗는 왕이 있었기 때문이었소. 소년을 죽인 이유는 이렇소. 소년의 부모는 믿음이 있는 자들이었으나 그 자식은 부모를 거역하고 하느님을 불

신해서 큰 짐이 될 것이 우려되었기 때문이오. 그래서 주님께서는 죽은 자식보다 더 순결하고 자비심이 많은 자식을 대신 주시기를 원하셨소. 무너지려는 담장을 고쳐 세운 이유가 있소. 그 담장은 마을에 사는 두 고아가 가진 것이었는데 담장 밑에는 그들을 위한 보물이 묻혀 있었소. 고아들의 아버지는 의로운 사람이었기에 주님께서 그들이 자라 어른이 될 때 주님의 은혜로 그 보물을 꺼내기를 바라셨소. 이것이 바로 당신이 참아낼 수 없었던 일들에 대한 해명이오."**29**

노민: 이 이야기는 우리가 전에 나누었던 이야기를 분명하게 해주는구나. 지은이가 알려지지 않은 어떤 경전에서 그랬지. "네가 하는 일이 무엇인지를 알면 너는 축복을 받을 것이고, 그러지 않다면 너는 법을 어긴 것이므로 비참하게 될 것이다." 자네가 인간이 살인도 할 수 있는지를 물었지.

암투안: 저는 혼란스러워요. 우리가 신을 이해할 수나 있을까요?

노민: 이 이야기는 인간들이 신성의 전체성을 이해하기 불가능하다는 것을 보여주지. 우리는 내면에서 나오는 소리, 진아에게서 들리는 소리에 귀를 기울이면서 대화의 채널을 열어놓을 수 있고 그렇게 해야만 해. 그 충고를 들으려 하

고 우리가 소화할 수 있는 모든 것을 인정하는 거지. 하지만 우리는 결코 신성의 지식에 완전히 접근하지는 못해.

망투만: 진아가 해준 충고는 뭐가 되었든지 받아들어야 하나요?

노민: 진아는 전체성이야. 그것은 좋기도 하며 나쁘기도 하지. 자기가 받은 충고가 어떤 것인지를 스스로 판단하는 편이 더 좋아.

망투만: 우리는 신의 계획에 대해 토론해야 하나요?

노민: 우리가 진아에 대해서 이야기하고 있다는 것에 주의해. 그건 세상을 창조했던, 아니면 이렇게 말하는 것을 네가 더 좋아한다면, 빅뱅을 만들어낸 하느님에 대한 것이 아니야. 그것은 진아지. 그것은 완벽하며, 모든 것을 타협하는 선이기도 하며 악이기도 한 그런 것이야. 자네, 말하자면 자네의 자아가 진아에게서 받은 충고를 스스로 결단해야 하는 거야.

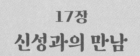

17장
신성과의 만남

시간이 초고속 열차처럼 지나갔다. 힘든 하루 일을 마치고 나자 몹시 피곤했다. 하지만 대화가 너무 흥미로워서 잠들고 싶지 않았다. 지혜로운 노인이 나를 바라보며, 이제 그만 자리를 파할까를 넌지시 물었다. 하지만 나는 어서 계속 이어가자고 재촉했다.

노민: 다른 이야기를 하나 더 하지. 기독교의 신화야.

늘 그렇듯이 어린 왕자는 눈을 반짝이며 새로운 이야기가 주는 교훈을 받아들였다.

노민: 성 크리스토퍼[30]가 강을 건너고 있을 때 반대쪽으로 가고 싶은 한 아이를 보았지. 그는 그 아이를 목에 태우고 강을 건너주겠다고 했어. 하지만 아이는 성 크리스토퍼가 자기의 몸무게를 견딜 수 있을 정도로 강해 보이지 않는다고 하며 이를 거절했지. 이때 그는 웃으면서 생각했어. '나처럼 체력이 강한 남자에게 겨우 아이 한 명이 무거우면 얼마나 무겁겠어?' 아이가 그의 목덜미에 올라타자 성 크리스토퍼는 강을 건너기 시작했지. 그런데 강을 건널수록 아이가 점점 무거워졌어. 그러다가 견딜 수 없을 때가 왔지. 그가 더 이상 견디지 못할 때 문득 자신이 하느님을 데리고 갔다는 사실을 깨달았지.

맘투만: 이 신화의 의미는 무엇이죠?

노민: 이 신화는 인간은 자기 목덜미에 신을 태우고 갈 수 없다는 것을 보여주지.

맘투만: 그래서 그는 무엇을 해야 하나요?

노민: 더 강해져야 하지, 신성의 일부를 실어 나를 수 있을 만큼. 이 문맥에서 실어 나른다는 것은 진아의 일부 의식을 얻는다는 의미로 이해되어야 해. 그렇기는 하지만 감당할 수 있는 일보다 더 무거운 몫을 차지하지 않게끔 주의하는 것은 매우 중요하지. 탈무드 전통에서 유래하는 이 이

197

야기는 진아와 과도하게 가까워지는 위험을 잘 보여주고 있어. 이 경우에 진아는 파르데스Pardes로 나타나지. 이는 에덴의 낙원이나 파라다이스와 상응하는 뜻이야. 파르데스는 '내면의 과수원'을 뜻해.

어린 왕자: 말해주세요, 더 말해주세요.

어린 왕자가 깡충깡충 뛰면서 손뼉을 쳤다.

심리적 팽창과 소외

노민: 네 명의 랍비가 파르데스(파라다이스)에 들어갔지. 이들은 벤 아자이, 벤 조마, 아헤르, 아키바였어. 벤 아자이는 파르데스를 보고서 죽었어. 벤 조마는 여기를 보고 나서 이성을 잃었고. 아헤르는 거기에 보았던 새로운 식물들을 모두 파괴했지. 이는 종교를 버렸다는 뜻이야. 오직 아키바만이 평화롭게 돌아왔지.

맘투만: 네 명 중 세 명은 소외되었던 거예요? 저는 팽창과 소외가 어떻게 작동하는 건지 아직도 잘 모르겠어요. 설명한 방식대로라면 이 심리적 상태들은 너무 바람직하지 않을 것

같아요.

노민: 잘 들어봐. 융 박사가 이미 설명해주었던 거야. 팽창과 소
외는 자아가 진아에게 너무 과도하게 접근하거나, 과도하
게 물러설 때를 일컫는 말들이야. 모두 정상적인 삶의 주
기를 벗어날 때나 오랫동안 지속될 때만 바람직하지 않을
뿐이지.

맘투안: 그래서 현명한 세 사람은 파르데스를 방문할 준비가 아직
되지 않았다고 말씀하시는 건가요? 그들이 그렇게 할 만
한 적당한 때가 아니었던 건가요?

노민: 바로 그래. 이제 잘 이해하는 것 같구나. 과하게 다가서는
것과 물러서는 것, 이 두 조건이 굳어지면 황홀경에 빠져
서 정상적인 삶의 흐름을 방해하니 문제가 생기는 거지.
어린 왕자가 만났던 사업가의 경우를 기억해 보게. 삶의
전반부, 곧 사막의 위기 때까지 그는 단지 일개 사업가로
있었을 뿐이야. 한 인간의 삶 전반부에는 이것이 정상이
고 이때 그의 임무란 자신의 자아를 강화하는 것이지.

맘투안: 사업가가 되는 것은 정상적인 것이에요?

노민: 사업가가 된다는 사실이 문제가 되는 것은 아니야. 자신
의 자아를 강하게 만드는 것은 정상이야. 이를 위해서 자
아가 진아에게서 멀리 떨어지는 것이 필수적이지. 물질

적인 삶을 좇고, 학업을 쌓고, 돈을 벌고, 가정을 꾸리면서 몸 둘 곳을 찾을 때, 자네는 진아의 억압적인 접근 없이 자신의 자아를 구축하고 있는 것이야. 진아는 너무 빛나기 때문에 네 주의집중을 흩뜨려서 자아를 강화하지 못하게 하지. 하지만 삶의 후반부에서는 자신의 삶이 얼어붙는 것을 피하기 위해 심리적으로 발달하고 영적으로 성숙해져야만 해.

맘투만: 사업가가 되는 것을 포기해야 하나요?

노민: 아니야. 동시에 자기 내면의 성장도 함께 돌보아야 하지. 사업가가 되지 못하게 막을 수 있는 것은 아무것도 없어. 인도 전통에는 특별한 철학이 있다네. 예순 이후에는 은퇴해서 영적인 성장에 시간을 쏟아야 한다고 보지.

맘투만: 육십 세라고요? 삶의 후반부를 새로 시작하기에는 너무 늦은 나이 아닌가요?

노민: 이 사람들은 육십 살에 시작하는 것이 아니야. 이 나이에 이르러서 영적 성장을 위해 모든 시간을 보내는 것이지. 하지만 예순에 은퇴를 준비하는 사람은 이미 그 이전에 공부나 실천을 잘 진행하고 있었어.

맘투만: 사막을 통과했는데 성장하지 못한 사람들이 있었던 사례는 혹 없나요?

노민: 유감스럽지만 그런 일은 없었지. 내가 말했던 것처럼 인간의 정상적 발달은 자아가 진아에 접근했다가 멀어지는 일련의 주기를 통해 진행되지. 사막의 위기는 자아와 진아의 대화 채널이 거의 파열될 정도의 엄청난 철회와 상응하네. 서양은 우리의 기독교 교회를 뒷받침해주는 종교적 상징이 더 이상 적절하지 않다는 상실의 위기를 겪고 있다네.

종교적 믿음의 상실

맘투만: 종교가 이 과정과 무슨 관계가 있지요?

노민: 종교는 팽창과 소외라는 잘못된 행동에 대항하는 가장 집단적인 보호물이야. 믿음을 지탱하는 상징들이 낡아빠지게 될 때, 그것들이 광명을 상실하고 활력을 잃을 때 문제가 생기네. 살아 있는 상징이 되는 대신에 그것들은 죽고 다른 상징들로 대체되는 거지. 서양 문명의 경우 개인들에 대한 추구가 있어. 이 운동은 르네상스에 처음 시작되어 20세기에 최고조에 이르렀지. 21세기에 우리는 개인적 방식에 대한 훨씬 더 강력한 추구를 기대할 수 있어.

맘투만: 종교적 상징들이 무너져버렸기 때문에 우리 모두가 그것에 영향을 받고 있다고 말씀하시는 건가요?

노민: 살아 있는 종교는 소외의 위험성에서 인간들을 보호해준다네. 한편 종교는 또 실험 정신과 성장의 가능성을 저지할 수도 있지. 종교가 진아를 수용하면서 진아와 인간의 가운데서 진아가 지닌 활력을 잘 조정하고 있을 때는, 진아와 개별적으로 만나거나 사적인 만남을 가지려 하고, 또는 완전한 개인이 되려는 욕구를 최소화시킬 거야. 이는 진아와 만날 때 생겨나는 고통에서 우리를 보호해주지. 하지만 우리의 개인적 성장을 저지하기도 한다네.

맘투만: 제가 교회를 믿는다면 사막을 통과하지 않아도 되겠네요?

노민: 종교의 상징이 살아 있고 교회가 올바른 역할을 한다면 믿음을 가진 사람들을 팽창과 소외라는 악한 기운에서 보호해줄 수 있지. 하지만 보호받은 많은 이들은 일종의 신비적 참여 상태에 있게 될 거야. 선택된 종교의 꺼풀에 쓰인 채로 진아와 어떤 개인적인 관계를 맺을 가능성도 없이 말이지.

맘투만: 교회에 반대하시나요? 그 어떤 교회라도 말이에요?

노민: 결코 그렇지 않아. 나는 다만 어떤 이들은 심오하게 종교적이면서도 개인적으로 발달할 수 있고, 이들은 교회와

신비적 참여의 상태에서 살고자 하는 욕구가 없다는 사실을 조명해보고 싶을 뿐이야.

맘투만: 저는 이해가 가질 않네요. 십자가의 성 요한은 교회와 그토록 밀접한 관계를 가진 사람인데도 어떻게 사막을 통과했을까요?

노민: 그는 내가 말한 예외적인 인물이야. 사제들은 의심이 없을 거라고 생각하지 말게. 이 사람들을 이상화해서는 안 되네. 그들도 불확실성과 불안감을 지닌 우리와 똑같은 인간이야. 아마 어떤 이들은 자신을 더 잘 알기 위한 싸움 때문에 진아와 대화를 해서 성인이 될 수 있었지. 하지만 그들도 타고나지는 않았어.

맘투만: 그러나 적어도 그건 더 쉬운 길이죠. 믿음을 가지기 위해서 저는 무엇을 해야 하나요?

노민: 그건 자네의 선택이 아니야. 믿거나 말거나지. 융은 이런 말을 하곤 했지. '믿음을 가진 이들은 행복하다. 그들은 심리치료가 필요 없다.' 중년의 위기를 겪고 있는 경우라도 정신적 성장의 형태를 통과하지 않고서 자신의 문제를 풀 수 있는 성인들은 한 명도 보지 못했다고 말하기도 했지.

맘투만: 그런 사람은 종교를 받아들여야 할까요?

노민: 반드시 그렇지는 않아. 믿음이 없이 종교를 받아들일 필

요는 없어. 정신적 성장은 교회를 통해서만 일어나는 것은 아니야. 상징들이 빛을 잃을 때, 교회가 우리에게 진아의 투사를 전달하는 기능을 상실할 때, 우리는 니체가 선언했던 '신은 죽었다'의 상태가 되지.

나의 성장을 대신해줄 것은 없다

맘투만: 교회가 그 의미를 잃을 때 사람은 결국 어떻게 끝나죠?

노민: 네 가지 가능성이 있어. 첫 번째로 스스로를 소외시켜. 교회에서 신을 투사하는 능력을 상실할 때가 바로 그렇지. 자아와 진아 사이의 대화의 축이 깨지고 자아는 의미가 없는 삶으로 고통을 받지. 심지어 살고자 하는 의지를 잃기도 해. 두 번째 가능성은 개인의 자아가 신성으로 향해야 하는 에너지를 흡수하는 거야. 그런 사람은 팽창 상태에 들어가지. 세 번째 경우는 신성으로 향해야 하는 에너지가 세속적인 행위들이나 정치적인 운동으로 방향을 바꾸고 투사되는 거야.

맘투만: 예를 들어주실 수 있으세요?

노민: 거북이를 구하는 것은 세상에서 가장 중요한 일이 되지.

거북이를 구하는 것이 인간의 목숨을 구하는 것보다 더 중요한 일이야. 자신을 구하는 것보다 더 중요하고, 의식적으로 변하고 자신에 대해 알게 되는 것보다 더 중요한 일이야.

맘투만: 그런데 거북이를 구하는 것은 중요하지 않나요?

노민: 물론이야. 내 말을 오해하지 말게나. 환경과 생태가 중요하지 않다는 뜻이 아니고, 너 자신의 삶, 너 자신의 정신적 성장이 그것보다 훨씬 더 중요하다는 말이야. 거북이를 구해야지. 하지만 이는 자신의 정신적 성장보다 더 중요한 것은 아니야. 거북이를 구하는 것이 자신의 정신적 성장을 대신하지 않아.

맘투만: 말씀에 전적으로 동의해요. 문제는 많은 이들이 거북이를 구하는 방법을 알지만, 자신을 구하는 방법은 모른다는 거예요.

노민: 마이스터 에크하르트를 기억해야 해. 삶에서 자신에게 가장 중요한 일은 신을 만나는 것이야.

맘투만: 사람은 어떻게 스스로를 소외시킬 수 있나요?

노민: 어린 왕자가 하늘을 여행하면서 만났던 사례들이 이 경우에 아주 잘 들어맞지. 세상에서 유일하게 중요한 것이란 가로등을 켜고 끄는 것이며, 작은 별에 군림하는 것이고,

모든 별들을 소유하는 것이지. 그렇지 않으면 공산주의를 위해 싸우고, 사회주의를 위해 싸우고, 그 어떤 '주의'를 위해 싸우는 거야.

맘투만: 아까 4가지 가능성을 말씀하셨어요. 그런데 3가지만 설명하셨거든요. 소외, 팽창, 물질적 문제와 관련된 것.

노민: 그중에서 마지막 물질적 문제와 관련된 것은 소외의 한 양상일 수 있어. 스스로를 세상의 구원자로 판단하고 있는 것이지. 이 마지막 조건은 각종 '주의'를 받아들인 사람들에게 공통적이야.

맘투만: 예를 들면요?

노민: 자기 손으로 세상을 구원할 것이라 생각하며 대의명분을 품고 있는 사람들. 어떤 면에서 그들은 태양을 향해 날아갔던 이카로스처럼 반쯤은 스스로를 신이라고 생각하지. 이런 사람들은 자신이 진리를 소유한 유일한 존재인 듯이 행동하는데, 그 모습이 어떤지 본 적 있는가? 세상의 구원자인 것처럼 행동하는 꼬락서니를 말이야?

맘투만: 그런데 네 번째 가능성은 뭐예요?

노민: 만일 인간이 종교적 투사의 상실에 직면해서, 자신의 자아와 자신의 신성한 측면인 진아 사이에 좀 더 친근한 대화를 시도하는 데 힘을 쏟을 수 있다면, 이는 의식의 발달

을 향한 결정적인 발걸음을 나타내는 것일 수 있지. 십자가의 성 요한이나 요나, 괴테, 단테의 사례들은 이런 가능성을 보여주는 것이야. 그들은 이러한 체험을 한 뒤에 좀 더 의식적인 사람으로 성장했고, 더 원만하고 더욱 온전해졌지.

우리는 밤을 꼬박 지새웠다. 친구들에게 작별 인사를 하기도 전에 졸음이 쏟아졌다.

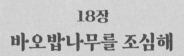

18장
바오밥나무를 조심해

나는 얼굴에 부딪치는 햇살을 받고 깨어났다. 물통의 눈금이 매일 점점 더 빨리 줄어든다. 내가 예상한 시간을 견딜 수 있을지도 알 수가 없다. 이 때문에 최대한 속도를 내어 비행기를 고치고 있었다. 초저녁이 되자 벌써 지쳐버렸고 태양은 지평선 아래로 잠기고 있었다. 그리고 나는 기다리던 친구들을 맞이했다.

이번 만남에서 나는 어린 왕자의 삶에 대해 좀 더 많은 것을 알게 되었다. 이 아이는 한번에 모든 것을 말해주는 법이 없었다. 그래서 자신에 대한 질문에 답하는 것을 그리 좋아하지 않았다. 그러나 이날 밤 어린 왕자는 내게 이런저런 이야기를 하면서 양들은 덤불을 먹는지를 물었다. 그렇다고 말해주자 그는 행복해했다.

어린 왕자: 바오밥나무는 아주 큰 나무예요. 제가 주의하지 않으면 그게 제 별 전체를 뒤덮을 거예요. 제 별 이웃에게 생긴 일인데요, 그 별에 사는 사람이 너무 게으름을 피워서 바오밥나무들이 자라기 전에 싹을 뽑지 않았어요. 이제 그 별은 바오밥나무가 차지해버렸어요. 그 사람은 빠듯하게라도 살 수 있을 만한 곳이 없어요.

앙투안: 그러면 넌 별을 보호하기 위해서 무슨 일을 했니?

어린 왕자: 오, 정말로 일이 많았어요. 전 바오밥나무가 커지기 전에 제 쪽으로 뻗는 싹들을 모두 뽑았죠. 그래서 저는 양을 원한 거예요. 양은 바오밥나무를 먹을 수 있거든요.

앙투안: 바오밥나무를 먹는다고? 그렇게 큰 나무를?

어린 왕자: 아니요! 양은 싹이 자라기 전에, 바람에 날려 온 씨들에서 생겨난 싹들이 아직 작을 때 먹을 수 있어요.

앙투안: 그래, 그럴 수 있겠다. 양은 뭐든 다 잘 먹지. 꽃도 먹어.

어린 왕자: 꽃도요? 그럼 양이 제 장미도 먹을 수 있겠네요?

앙투안: 그럼, 그럴 수 있지.

어린 왕자: 하지만 꽃은 자기를 지킬 수 있는 가시들을 가지고 있어요.

앙투안: 그렇기는 하지만, 양에게 가시들은 없는 거나 마찬가지야.

어린 왕자는 생각에 잠겼다.

좋은 것과 나쁜 것을 구별하기

어린 왕자: 그래서 양이 제 별에서 자라는 모든 것을 먹을 거라고요?
바람이 제게 바오밥나무 씨와 함께 꽃의 씨들도 가져다주
었는데, 양이 그 씨들을 똑같이 먹을 거라고요?

암투안: 양은 뭐든 다 먹지.

나는 어린 왕자의 눈빛이 어두워지는 것을 보았다. 그는 양도
원했지만 바람에 실려 온 꽃들도 원하고 있었다.

지혜로운 노인이 말했다.

노인: 삶의 모든 것이 다 그렇게 흘러간단다. 세상이 줄 수 있는
좋은 것들을 원한다면, 그것들을 나쁜 것들과 분리하는
힘든 일을 해야 하지. 이 일을 양들에게 부탁할 수는 없어.
양은 무의식적이야. 양은 구별할 방법을 모른단다. 좋은
것을 나쁜 것과 분리하기 위해서는 의식을 가지고 구별하
는 일을 해.

나는 어린 왕자에게 방법을 알려주었다.

맘투안: 양을 줄에 묶어서 데리고 갈 수 있어. 바오밥나무 씨를 발견하면 양더러 먹게 하면 되지.

어린 왕자: 줄에 묶어요?

노민: 그래, 줄. 본능들은 네가 지닌 의식적 측면인 자아가 통제해야 한단다. 파티를 망치지 못하도록 본능들을 잡아둘 수 있는 줄이 필요해. 하지만 의식적인 사람만이 자신의 본능을 통제할 수 있지.

맘투안: 바오밥나무가 전체를 뒤덮은 별에서 네 이웃은 어떻게 살고 있니?

어린 왕자: 그는 슬픈 삶을 살아요. 늘 바오밥나무 그늘에 있죠. 태양이 뜨는 것을 보려 한다면 나무를 기어올라야 해요. 그 사람은 게을러서 한 번도 그렇게 하지 않죠. 태양이 뜨는 것을 보지 않는 삶을 생각해본 적 있으세요?

노민: 빛이 없는, 의식이 없는 삶을 생각해보았니?

지혜로운 노인이 재차 물었다.

노민: 프로메테우스는 헛고생만 한 건가?

19장

어른만은 안 되길

어린 왕자는 어리둥절했다. 성가신 바오밥나무를 어떻게 다스려
야 할까?

> 암투안: 코끼리 몇 마리를 풀어놓을 수는 없니? 코끼리는 나뭇잎
> 을 먹으니, 바오밥나무 이파리들을 모두 먹어치울 수 있
> 을 거야.
> 어린 왕자: 코끼리 몇 마리요? 제 별은 너무 작아서 코끼리들은 겹겹
> 으로 포개 있어야 할 걸요.

> 그 순간 난 웃었다. 나는 흰 종이에다 그 별 위에 겹겹으로 포

개어진 코끼리를 그렸다.

지혜로운 노인은 내가 그린 그림을 가지고 갔다. 그는 그림을 한 번 보고, 다시 또 바라보고서 말했다.

노인: 네가 사는 별에는 코끼리가 있을 곳이 없는 것 같구나.
어린 왕자: 맞아요.
노인: 조심해! 거기에 어른들이 들어설 자리는 없어. 에덴의 낙원에서 추방되었던 사람들은 어디로 갈 수 있지?

지혜로운 노인은 이런 질문을 하고 답을 기다렸다. 나도 어린 왕자도 무슨 말을 해야 할지 몰랐다. 정말로 그 별에는 어른들이 들어설 자리는 없었다. 우리가 대답하지 않으니 그가 말을 이었다.

노인: 낙원에서 추방된 후에 어린이처럼 되기 위해 자네는 어른이 되어야 할 걸세.

나는 이 말을 듣고 너무도 머리가 어지러웠다.

맘투만: 어린이처럼 되기 위해서 어른이 되어야 할 거라고요?

왜 어른이 되어야 하는가?

지혜로운 노인은 어린 왕자와 내가 그랬던 것처럼 아무 표정 없이 있었다. 우리의 나이 든 친구분께서는 도대체 무슨 말을 하시려는 건지? 나는 따져 묻기로 결심했다.

맘투만: 왜 저는 어른이 되어야 하나요?

노민: 왜 강물은 흘러 바다로 가지? 왜 씨는 싹을 틔워 나무가 되지? 왜 태양은 떠오르지? 왜 네 몸은 자라지? 왜 트럼펫은 진군하라고 소리를 내지?

맘투만: 글쎄요…. 그건 자연의 일이니까.

노민: 글쎄. 그건 자연의 일이니까.

지혜로운 노인이 내 목소리를 흉내 내며 말했다. 내 흉내를 너무 잘 내서 웃지도 못할 정도였다. 그는 좀 더 진지한 목소리로 말을 이었다.

노민: 자네는 몸이 자라는 것을 멈출 수 없네. 의식이 자라는 것은 멈추게 할 수 있지만 그럼 부적응자가 되고 말 거야.

맘투만: 어른이 되고 나서 어떻게 다시 어린이가 될 수 있죠?

노민: 이 질문은 벌써 세 번째일 텐데. 대답은 기다려야 한다고 이미 말하지 않았나? 게다가 자네 질문은 틀렸어.

맘투만: 틀렸어요?

노민: 그럼. 어린이로 되돌아갈 수는 없고, '어린이처럼' 될 수는 있지. 지난번에 우리가 이야기 나누었던 예수의 말을 기억해보게.

지혜로운 노인은 바오밥나무가 별을 덮어버린 나의 그림을 집어 들었다. 그는 근심 어린 표정을 지으면서 그것을 살폈다.

노민: 이 별은 태모가 다스리는 자연에 완전히 압도되어 있지. 원시 시대에 인간들은 자연의 힘을 숭배했네. 가장 큰 힘을 가진 신이 태모[31]였지. 그녀는 두 가지 극단적인 성질을 가졌다네. 실로 다양한 신화에서 분명하게 나타나는 것처럼, 양육과 파괴가 그것이지.

맘투만: 어머니들도 죽이나요?

노민: 인도 신화에서 최고신인 브라흐마는 자신의 동반자로 비슈누와 시바를 두었다네. 그들은 각각 세 가지 힘을 나타내고 있지. 창조(브라흐마), 유지(비슈누), 파괴(시바). 시바의 아내는 칼리이고 태모, 즉 파괴자를 나타내는 여신이야.

세계의 여러 창조 신화는 하늘과 땅의 분리에 대해 이야기한다네. 하늘은 보통 남성적 영역이고, 땅은 여성적 영역이지. 그러므로 땅은 태모를 표시하고, 이와 동시에 키워주는 존재와 집어삼키는 존재를 나타내고 있어. 영양분을 주는 존재인 자연이 전염병, 홍수, 재난 등을 가져다주지. 이는 자연의 힘에서 생겨난 것이야.

암투만: 질문이 있어요. 우리가 태모와 이야기를 할 수 있을까요?

어린 왕자: 안 돼요! 안 돼요! 그녀가 우리를 집어삼킬지도 몰라요.

어린 왕자가 소리치자 우리는 모두 웃었다. 하지만 지혜로운 노인이 내 의심을 분명히 밝혀줄 수 있으니, 이 논의에 손님을 모실 필요는 없다고 결정했다. 그가 말했다.

노인: 원시 시대에는 개별적 의식이 여전히 발달하고 있었고 에덴의 낙원에서 추락하는 일도 여전히 일어나고 있던 때라서, 인간 종족들은 자연과 신비적 참여의 상태 속에서 살고 있었지. 신비적 참여에 대해서는 이전에도 여러 번 이야기했지? 현재 우리가 사는 문명의 단계에서 원시 시대로 돌아가려는 사람은 자신의 발달을 되돌려 움직이는 거야. 이는 무의식적인 어린이 상태에 다가가는 것이고, 어

른이 되는 이상적인 상태에서 벗어나는 것이지.

망투안: 어린아이가 되라고요?

노민: 아니지! 어린이처럼 되라고. 이게 하늘나라로 들어가기 위해 예수가 우리에게 부탁한 조건이지 않나?

어린 왕자: 저는 바오밥나무가 걱정돼요. 제가 여기에 있는 동안 바오밥나무가 제 별을 덮을 수도 있어요. 그런 일이 일어나기 전에 저는 돌아가야 해요.

노민: 네 걱정은 건강한 것이란다. 위험이 실제로 있으니까 말이야. 바오밥나무는 의식이 사용될 수 있는 모든 공간을 차지하고 있지. 그 나무는 네 별에 사는 사람에게 햇빛 곧 의식의 빛이 들지 못하게 막고 있단다.

어린 왕자: 바오밥나무는 제가 기르는 꽃이랑은 달라요. 제 꽃은 별 구석구석에 향기를 품고 있어요. 꽃을 거기에 두고 혼자서 떠나지 말았어야 했어요. 누가 꽃을 돌봐주죠?

어린 왕자는 감정이 복받쳐서 말했다. 나는 그가 울고 있는 것을 보았다. 나를 이기주의자라고 말할 지도 모르겠어. 하지만 나는 네 꽃에는 관심이 없단다. 내가 꾸는 꿈은 나의 어린 친구가 나와 영원히 함께 사는 것이야.

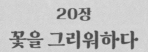

20장
꽃을 그리워하다

어린 왕자는 여행을 떠나기 전에 자기 별을 깨끗이 정돈했다고 말했다. 다시 돌아가지 않을 각오로 모든 것을 제자리에 바르게 놓아두어야 한다고 생각했다. 심지어는 이미 꺼져버린 것이었지만 화산 세 개를 모두 돌아보았다.

그가 말했다.

어린 왕자: 아마도 화산들은 다시 활동하기로 마음을 먹을 거예요. 항상 희망은 있어요.

그런 다음 이별하는 데 가장 힘들었던 것은 꽃에게 작별 인사를 하는 일이었다고 말했다.

어린 왕자: 꽃은 저를 사랑한다고 했는데, 꽃이 이 말을 해준 건 처음
이었어요. 저는 꽃을 보호하기 위해 유리 덮개를 씌워주
고 싶었지만 꽃은 바람을 맞으며 그냥 있는 것을 더 좋아
했지요. 온전히 삶을 살면서 나비가 되는 애벌레에게 스
스로를 그대로 드러내고 싶어 했어요.

노인: 그건 앙투안이 원치 않는 것 같은데. 삶에게 스스로를 드
러내는 것 말이야.

이때 나는 어린 왕자가 울고 있는 것을 깨달았다. 조금씩 울음
을 터뜨리더니 그치지 않고 울었다. 나는 수건으로 눈물을 닦아주
었다. 어린 왕자는 목이 멘 소리로 말했다.

어린 왕자: 저는 제 별로, 저의 꽃에게로 돌아갈 거라고는 한 번도 생
각해본 적이 없었어요. 하지만 저는 틀렸어요. 꽃이 그리
워요. 너무나도 그리워요.

그는 눈물로 범벅이 되어 말을 끝까지 잇지 못했다.

어린 왕자: 저는 혜성이 지나가는 것을 보고는 제 별을 떠나기 위해 올라탔어요. 이제는 다시 돌아가고 싶어요. 하지만 그 방법을 모르겠어요.

맘투만: 돌아간다고? 내가 스스로를 구할 수 있다면, 비행기를 고쳐서 이 사막을 떠날 수 있다면, 내가 널 돌보아줄 텐데. 서로를 알아온 시간은 적었지만, 난 너만큼 사랑하는 친구를 가져본 적이 없어. 작은형을 잃었던 것처럼 널 잃고 싶지 않아.

그때였다. 어린 왕자가 처음으로 지구에 왔을 때 뱀을 만났던 이야기를 우리에게 해주었다.

어린 왕자: 저는 인간에 대해서 물어보았어요. 아주 고독했거든요. 그러자 뱀은 사람들 가운데 있더라도 저는 여전히 고독을 느낄 거라고 말했지요. 그래서 제가 아저씨를 처음 만났을 때 그렇게 불안했던 거예요. 하지만 아저씨가 좋은 친구라는 것을 알고 나자 행복했어요.

맘투만: 그리고 뱀이 또 무엇을 말해주었니?

어린 왕자: 자기는 '천사의 손가락'**32**보다 더 강력하다고 했고 제가 원한다면 별로 되돌아가게 해줄 수도 있다고 했지요.

망투만: 네 별로 되돌아간다고? 넌 내 유일한 친구야. 우리는 내내 행복하게 살 수 있어.

어린 왕자: 하지만…. 제 꽃은 어쩌고요? 지구에는 사람이 많아요. 아저씨는 새로운 친구들을 많이 사귈 수 있어요. 제 꽃은 저 밖에, 오직 저밖에 없어요.

망투만: 친구를 사귀는 것은 어려운 일이야.

어린 왕자: 그렇지 않아요. 제가 여우한테 배운 것을 말해주죠.

적극적 명상으로 친구를 사귀는 법

여우가 가르쳐준 것을 말하기 전에 지혜로운 노인이 말했다.

노인: 자네는 친구를 잃지 않을 걸세. 자기 별로 돌아갈지라도 밤이나 낮에 꾸는 자네 꿈속에서 만나 그와 이야기를 나눌 수 있지. 늘 그와 함께 즐겁게 지내는 것이 중요해.

망투만: 그러나…. 저는 성장해야 한다고 말씀하셨잖아요. 어른은 절대 놀지 않아요.

노인: 누가 그래? 본래 지닌 자연스러운 성향을 잃지 않고, 창조성을 버리지 않고, 내면에 있는 아이와 접촉이 끊어지지

않고도 성장할 수 있지.

맘투만: 겨우 네 살에 아버지를 잃고 열일곱 살에는 작은형이 죽었는데, 어떻게 내가 놀 수 있고 행복할 수 있겠어요?

노민: 네 아버지와 형은 죽지 않았다. 그들은 다만 우주의 다른 곳으로 옮겨갔을 뿐이야. 자네는 그들을 마음속에서, 꿈속에서, 자네의 귀여운 친구와 나를 찾은 것과 똑같은 방법으로 찾을 수 있다네. 자네의 아버지는 자네에게 아주 중요한 무언가를 상징하지. 그러니 그와 말하는 것을 포기하지 말게나.

맘투만: 말을 하라고요? 어떻게요? 아버지는 이미 죽었는데.

노민: 이를테면 자네의 꿈속에서. 아님 적극적 명상**33**을 이용할 수도 있지.

맘투만: 저는 어떻게 하는 건지 몰라요. 제게 가르쳐주시겠어요?

노민: 이 기법은 자신의 무의식에게 이야기를 하기 위해 융 박사가 창안한 것이지. 상상 속에서 내면의 이미지들과 대화를 시작해. 둘째 형이라면 그를 불러서 말을 걸어봐.

맘투만: 제가 그걸 할 수 있을까요?

노민: 자, 자네가 어린 왕자나 나에게 말하거나, 우리가 초대한 손님들에게 말을 할 때 자네는 무엇을 하고 있었지? 이게 적극적 명상이네.

암투안: 그렇다면 좀 쉬워 보이네요.

노인: 바로 그래. 하지만 이미지들이 강한 감정을 싣고 있을 때는 주의해야 하네. 이런 경우에는 조심해서 해야 해.

어린 왕자는 나를 편하게 해주면서 말했다.

어린 왕자: 작은형은 지구를 떠났어요. 하지만 적극적 명상을 해서 형과 대화할 수도 있고, 실제 살과 뼈를 가진 친구를 찾을 수도 있어요. 많은 친구들을요. 여우와 만난 이야기를 해줄게요.

암투안: 그게 친구들과 무슨 관련이 있니?

어린 왕자: 알게 될 거예요. 그 여우는 친구들이 저를 아주 좋아하게 만드는 방법을 가르쳐줬지요.

노인: 자네는 그걸 좀 배워야 하겠구면.

어린 왕자는 계속 말했다.

어린 왕자: 제가 여우에게 함께 놀자고 했을 때 여우는 그럴 수 없다고 했지요. 여우는 아직 사람의 손길이 닿지 않은 채로 있었어요. 그래서 저는 그 여우가 저를 좋아하게 해야 했죠.

맘투안: 그래서 어떻게 여우가 좋아하게 만들었니?

어린 왕자: 그게 여우에게 물었던 질문이었어요. 저더러 참을성이 있어야 한다고 가르쳐줬어요. 먼저 여우와 조금 떨어진 자리에 앉아야 해요. 아무 말도 하지 않고서 말이죠. 여우가 좀 소심하게 저를 바라보기 시작했어요. 가만히 있어야 해요. 말을 하면 믿음을 저버리기 쉬워요. 다음 날에는 더 가까이 다가가 앉을 수 있지요. 그런데 여전히 말을 해서는 안 돼요.

맘투안: 며칠 동안이나 이렇게 해야 하지?

어린 왕자: 조금 시간이 걸리죠.

맘투안: 너무 오래 걸리는 것 같은데?

노인: 그게 인간들의 문제지. 인간은 상점에 이미 준비되어 있는 것들을 사고 싶어 하지. 기다리면서 시간을 좀처럼 들이고 싶지 않아 해. 우정을 살 수는 없기 때문에 친구가 없는 거야.

어린 왕자: 여우도 제가 매일 같은 시간에 돌아와야 한다고 말하던 걸요. 이런 식으로 여우는 제가 도착하기 한 시간 전부터 애를 태우며 저를 기다리고 있을 거예요. 이처럼 여우가 느끼는 행복은 한 시간 더 일찍 시작하지요.

맘투안: 그래서 여우가 너를 좋아하게 되었니?

231

머린 왕자: 바라던 대로 되었어요. 하지만 시간이 부족했어요.

노인: 시간이 부족했다고? 네 별에 살 때는 여유로운 시간이 있었지. 잠시 이곳 지구에 머무르더니 그만 '참을성 없음'이라는 인간들의 병에 오염되었구나.

어린 왕자는 얼굴이 빨개졌다. 어린 왕자를 좀 편하게 해주려고 했지만 지혜로운 노인 때문에 그러지 못했다. 노인은 나를 향해서 말했다.

노인: 자네도 좀 더 친구를 사귀는 것이 어떤가?

망투만: 저요?

노인: 자네는 왜 삶이 공허하다고 느끼고 있는가? 자넨 왜 사막에 있는가?

망투만: 저 말이에요?

노인: 그걸 좀 생각해보게.

지혜로운 노인은 약간 매서운 목소리로 사정을 봐주지 않고 말했다.

살아 있는 모든 것은 선하기도, 악하기도 하다

어린 왕자는 뱀과 나눈 이야기를 했다.

어린 왕자: 뱀이 말했지요. 자기가 저를 만지면 제 별로 데려다줄 수
있다고요.

맘투안: 맙소사! 뱀이 한 말을 믿지 마라. 뱀들은 사기꾼이거든!

내가 소리를 지르며 말하자 어린 왕자가 노인에게 되물었다.

어린 왕자: 뱀은 사악한가요?

노인: 살아 있는 모든 것들은 선하기도, 악하기도 한 측면을 지
니지. 우리가 의식적으로 주의를 기울이지 않고 사악한
쪽을 억압할 때, 그것은 자아를 건너뛰고 우리의 의식에
서 일을 만든단다. 그렇게 해서 우리의 합리적 측면은 우
리가 원치 않는 것을 하지 못하도록 막을 수 없게 된단다.

맘투안: 우리의 자아가 통제를 잃는 건가요?

노인: 그렇지. 이렇게 되면 일시적이나마 무의식에 있는 콤플렉
스가 우세하게 되어서, 합리적으로 볼 때는 절대로 하지
않을 일도 하게 된단다.

맘투안: 그래서 우리는 선하기도 하고 악하기도 하다고 말씀하시는 건가요?

노민: 맞아. 우리 안에는 선과 악이 있어. 우리가 무의식적이게 될수록 악한 생각과 행동을 할 가능성이 더 커져가지.

맘투안: 잘 이해가 안 가요.

노민: 조셉 캠벨Joseph John Campbell이 말한 것을 음미해봤으면 좋겠구나. 이 사람은 20세기의 아주 유명한 신화학자였어. 악마는 인정받지 못한 천사라고 말하더구나. 악마란 우리가 표현하기를 거부하고 억압한 힘이야. 억압된 그 에너지는 자라나기 시작하면 매우 위험해지지.

나는 캠벨이 말한 것을 곰곰이 생각하고 있었다. 지혜로운 노인은 어린 왕자의 손을 잡고서 모닥불을 뒤로하고 사라졌다.

그날 밤 많은 친구가 있다는 것이 얼마나 좋은가를 생각하며 잠이 들었다. 하지만 나는 어린아이들 가운데서 친구를 골랐다. 문제는 그들이 너무도 빨리 어른으로 변한다는 것이었다.

21장
자기 별로 돌아간다는 것

마지막 물이 남은 날, 이는 목숨이 남은 마지막 날이었다. 마지막 남은 물을 꿀꺽 마셔버렸다. 오후가 끝날 무렵이라서 태양은 서쪽 지평에 걸려 있었다. 멀리서 다가오는 친구들을 보았다. 나의 마지막 대화가 되리. 내일이 되었는데도 비행기를 고치지 못하면 더 이상은 버틸 수 없겠지.

어린 왕자가 점점 더 다가오면서 말했다.

어린 왕자: 여우가 제게 가르쳐준 다른 것도 있어요….

맘투만: 나의 어린 친구여! 여우가 말한 것이 더는 중요하지 않아.

어린 왕자: 왜 그렇죠?

맘투만: 비행기는 고쳐지지 않았고 물은 바닥이 났으니, 난 곧 죽을 거야.

어린 왕자: 안 돼요! 우물을 찾아보자고요. 하나 있는 곳을 알아요.

우리는 사막을 건너 걸어갔다. 거의 한 나절을 걸어가다가 나는 그만 지칠 대로 지쳤다. 이젠 죽음에 항복해야 하나?

어린 왕자: 조금만 더 걸어야 해요. 우물은 바로 저 앞에 있어요.

계속 걸어가다가 태양이 뜰 때 우물을 찾았다. 타는 듯한 갈증을 풀고 나니 앉아서 이야기를 할 수 있었다. 어린 왕자가 지혜로운 노인을 불렀다. 나는 사막을 걷는 동안 그를 볼 수는 없었지만, 우리와 내내 함께한다는 것을 느꼈다. 이제는 기분도 좋아져서 현명한 노인에게 여러 번 던졌던 질문을 다시 반복했다.

생명의 나무로 가는 길

맘투만: 저는 어떻게 어린이처럼 될 수 있을까요?

지혜로운 노인은 이야기를 하나 들려주었다.

노민: 자네 《성서》의 〈창세기〉에 나오는 이야기에서 낙원에는
두 그루의 나무가 있었다는 것을 기억하는가?

맘투안: 그럼요. 야훼가 "이제 인간은 선과 악을 알고서 우리들처
럼 되었다. 인간이 손을 뻗어 생명의 나무에서 과일을 따
먹게 해서는 안 된다"라고 했다는 것을 기억하죠.

노민: 바로 그렇지. 우리는 이 나무로 가는 길을 배워야 하네. 이
것은 첫 번째 나무보다 더 중요하거든. 생명의 나무는 낙
원의 한가운데 있고 지식의 나무에 달린 가지들이 보호하
고 있었지. 아담과 이브는 지식의 나무에 달린 열매를 따
먹었지만 이 생명의 나무는 그렇게 하지 않았어. 생명의
나무에 이르고자 하는 사람들, 그 열매를 따 먹고 싶은 사
람들은 지식의 나무에 달린 뒤엉킨 가지들을 헤치고 나가
야 하지. 이 가지들이 만들어놓은 미로를 통해 가는 여행
에서 지식의 나무 열매를 따 먹어야 하는 거지. 이것이 낙
원의 가운데로 걸어가서 생명의 나무에 도달할 수 있는
에너지를 줄 걸세. 낙원의 가운데에 이를 때는 지식의 나
무에 달린 열매 속 풍부한 에너지를 활용해 생명의 나무
에 달린 열매도 먹을 수 있을 거야. 마침내 어린이처럼 될

것이고, 하늘나라로 들어가는 것이 허락되겠지. 자네가 자주 했던 질문에 대한 답이 거기에 있다네.

지혜로운 노인은 말을 멈추고 잠시 조용히 있었다. 그 사이 지금까지 한 말을 가만히 생각할 수 있도록 시간을 주는 것이다. 내가 느끼기에 노인은 내게 커다란 신비처럼 드러나고 있었다. 하지만 내 마음은 그 진리를 모두 알 수 없었다. 나는 큰 혼란에 빠졌다는 것을 솔직하게 고백하기로 마음먹었다.

맘투만: 아름다운 이야기네요. 그렇지만 실제로 제가 어떻게 그 생명의 나무에 가서, 그 열매를 먹고 다시 '어린이처럼' 되돌아갈 수가 있겠어요?

노민: 의식을 상실하지 않고 다시 어린이처럼 되돌아가는 것. 이것을 자세하게 기억해야 해. 이건 중요하기 때문이야. 이미 말했듯이 그리스의 아폴로 신전 앞에는 '너 자신을 알라'라는 명문이 있지. 진정으로 자신을 안다면 마지막 단계에 이를 준비가 된 걸세. 바로 생명의 나무에 달린 열매를 먹는 거지.

맘투만: 그게 그렇게 쉽지 않아요.

노민: 물론 그렇지. 삶은 쉽지 않아. 내가 해줄 수 있는 첫 번째

조언이란 자네가 어린이가 되는 생각을 품은 채, 지상의 것들을 버리고 가려고 애써야 한다는 걸세. 삶에는 비디오테이프가 없어. 되감기가 안 되는 거야. 어른이 되지 않으려는 자네의 강박관념, 어른의 세계와 관련된 모든 것을 반대하는 자네의 버릇은 건강하지 않네. 앞에 놓인 길을 차단했던 사람들, 그냥 주저앉았던 사람들, 의식을 얻으려고 싸우지 않는 사람들, 더 이상 의식의 나무에 물을 주지 않는 사람들, 트럼펫의 소리를 무시하는 사람들, 이런 사람들의 사례를 찾는 것을 멈추게. 나쁜 사례들을 들어가면서 성장하는 것에 대한 자네의 고뇌를 합리화하려고 애쓰는 것을 그만두게. 그렇게 한다면 자네는 결국 길을 잃고서 덧없는 삶에 머물게 될 걸세. 이는 자네를 자포자기의 기슭으로 쓸어가줄 수 있을 뿐인, 거짓으로 꾸며진 삶이네.

맘투만: 지금도 제가 삶에 조금이라도 희망을 가질 수 있을까요?

노민: 자네가 나와 어린 왕자와 함께 대화할 수 있는 동안에 자네의 삶을 변화시킬 수 있을 걸세. 하지만 기억하게. 어린 왕자는 꽃을 찾아 곧 떠나야 하지. 자네는 꿈속이나 적극적 명상 속에서 그와 이야기하는 것을 배워야 할 걸세.

나는 체념하다시피 물었다.

맘투만: 부탁드려요. 제게 생명의 나무로 가는 길을 보여주시겠
어요?

노민: 길은 다시 되풀이되지 않아. 우리 각자에게는 우리만의
개인적인 길, 오직 우리 자신의 길만 주어져 있지. 자넨 찾
을 수 있을 거야. 자신의 삶을 변화시키기 위해서는 그 길
에 완전히 자신을 낮추고 따라야 하네. 만일 어린 왕자의
세계에서 은신처를 찾아서 삶을 도피할 수 있을 거라 생
각한다면, 자넨 커다란 환상 속에서 살고 있을 것이네. 생
명의 나무에 도달하는 것은 자네 스스로가 완전한 헌신을
해야만 할 수 있지. 성배를 찾는 일을 기억하는가? 아서
왕의 기사들 말이야. 그들 가운데 가장 잘 준비된 사람이
파르지팔이지.

어린 왕자: 이야기해주세요.

어린 왕자는 지혜로운 노인이 이야기를 해줄 때면 언제나 그
랬던 것처럼 손뼉을 치고 깡충대며 말했다. 어린 왕자는 이미 자
기 별에 도달한 아서 왕의 이야기를 매우 좋아하는 것 같았다.

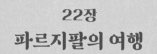

22장
파르지팔의 여행

노민: 귀를 귀울여 봐. 이건 새로운 천년의 신화니까.

맘투만: 새로운 천년의 신화요?

노민: 아서왕 측근들의 이야기는 12세기에 유포되었는데, 이는 인간의 개인주의가 성장했음을 반영한 것이지. 교회와 신비적 참여를 해오면서 수 세기가 지나자, 사람은 자신을 개인으로 변형하기 시작했어. 아서 왕의 전설이 생겨난 것도 바로 이런 현상 때문이지. 성배를 찾는 신화를 살펴보자고. 이 신화에는 모든 신화에서 일어나는 것처럼, 세부 내용이 서로 다른 여러 버전이 있지. 하지만 그 중요한 뼈대는 다들 같아.

모성으로부터 떠나는 파르지팔

　어린 시절 파르지팔의 어머니는 파르지팔을 세상과 동떨어진 곳에서 키웠다. 그의 아버지는 파르지팔이 태어나기 전에 전쟁터에서 죽었기 때문에, 아무도 없이 홀로 남겨진 어머니는 아들 파르지팔만은 잃지 않으리라 다짐했다. 어머니는 파르지팔을 데리고 깊은 숲속으로 들어가서, 그의 귀족 혈통이나 기사와 아서 왕의 궁정 등과 같은 일을 절대 알지 못하게 했다. 어머니는 할 수 있는 한 파르지팔을 어떤 위험에도 빠지지 않게 하려 애를 썼다.

　그러나 파르지팔의 어머니는 신에 대해서 가르쳐주면서, 신성한 사랑은 지상에 사는 모든 이들을 치유한다고 확신시켜주었다. 그러던 어느 날 파르지팔은 숲에서 어떤 멋지고 용감한 기사 한 명을 만났다. 그 기사는 번쩍이는 갑옷을 입고 있었다. 그는 이렇게 근사한 사람은 틀림없이 신을 모시는 천사일 것이라고 생각했다. 기사와 만난 일을 귀히 여기며 환상 가운데 있던 젊은이는 문득 자신의 운명을 따르고자 하는 자연스러운 본능을 깨우치게 되었다.

　파르지팔은 어머니에게 세상 밖으로 나가게 해달라고 애원했다. 어머니는 결국 아들의 뜻을 따라주었지만 하나의 조건을 걸었다. 반드시 광대 옷을 입고 절대로 벗어서는 안 된다는 것이었다.

암투만: 파르지팔의 어머니가 자식을 세상에서 영원히 떼어놓을 수 있다고 생각한 것이 이상하네요.

노민: 파르지팔은 평균적인 나이를 넘어서서 발달하지 못한 상태로 있었지. 그의 어머니는 남편을 전쟁에서 잃은 것처럼, 아들을 잃을까 봐 두려워했지. 이 때문에 정상적인 나이를 넘어설 때까지도 위험에 노출되지 않게 하려 한 것이야. 이런 현상은 몇몇 어머니에게도 일어나지. 이 어머니들은 자식들이 성장했는데도 자기 치마 품에 자식들을 꽁꽁 싸매어두지. 이런 자식들은 엄청난 모성 콤플렉스에 고착되어서, 그들의 자아는 스스로를 주장하지도 못해. 이들은 '개인'이 되지 않아.

암투만: 무슨 이유로 이상한 옷을 입게 한 거죠?

노민: 이상한 옷을 입으면 사람들의 웃음거리가 되니까, 그 때문에 어머니가 있는 집으로 파르지팔이 다시 돌아오기를 바란 거지.

암투만: 어떻게 엄마가 그렇게 끔찍할 수 있는 거죠?

어린 왕자: 파르지팔의 엄마는 나쁜 엄마인가요?

노민: 아니야. 그녀는 무의식적인 것이란다. 이건 많은 엄마들이 공통적으로 가지고 있는 태도야. 이런 엄마들은 아들이 곧 자신을 떠나는 것이 피할 수 없는 사실임에도, 아들

이 돌아오기만을 바라는 사람들이야. 어떤 엄마들은 훨씬 더 무의식적이라서 억지로 그럴듯한 상황을 만들어내서, 아들이나 딸이 며느리 혹은 사위와 싸우고 자기 품으로 돌아오게끔 계략을 꾸미기도 하지. 자기가 낳은 자식들이 다시 엄마에게 의존하는 상태로 만들기 위해서 할 수 있는 모든 것을 한단다.

맘투만: 그런 의존에는 어떤 것이 있어요?

노민: 예를 들면 경제적인 것이나 의무감 같은 것이 있지. 아들과 딸들이 자기 곁으로 더 가까이 오게 만들기 위해 어머니가 병이 날 때가 있어. 이는 어머니를 향한 자식들의 의무감과 사랑이 있으니 모성이라는 우산 아래 그들을 잡아둘 수 있다고 생각하기 때문이야.

맘투만: 병든 척한다는 거예요?

노민: 꼭 그런 것은 아니야. 마음은 실제로 병을 만들 수도 있어. 대부분의 병은 그 원인이 무의식 속에 있지. 많은 병들은 심리적 원인을 가지고 있어. 심인성**34**이라는 말이 이를 설명해.

맘투만: 예를 들어줄 수 있으세요?

노민: 어떤 사람이 암으로 고통을 받고 있을 때 서양인들은 '그가 암에 걸렸다'라는 표현으로 'he has a cancer' 대신에

'he made a cancer'라고 쓰는 것을 보면 분명하지.

맘투안: 어쨌든 파르지팔은 모성으로부터 벗어나긴 했네요.

노민: 그렇지. 이야기를 계속해보지.

자아를 강하게 만든 파르지팔

파르지팔은 이상한 옷을 입어서 조롱을 받았지만 계속 길을 갔다. 그는 구르네만츠의 성에 도달했다. 구르네만츠는 파르지팔을 이끌어주고 기사도를 가르쳐주었다. 파르지팔은 어릿광대 옷을 벗어던졌고, 구르네만츠는 예절과 그 안에 담긴 윤리를 알려주었다.

구르네만츠는 이 새내기 기사에게 말했다.

"절대로 예의범절을 잊지 말고 어리석은 질문으로 타인을 괴롭히지 말라. 고통받는 사람들에게 동정심을 갖는 것을 잊어서는 안 된다."

파르지팔은 그가 진심으로 해준 이런 고결한 말들을 알았다고 생각했지만 완전히 이해하지는 못했다. 말은 배웠으나 그 뜻은 파악하지 못했다.

시간이 지나고 파르지팔은 여행을 하면서 먼 땅에 이르렀다.

그곳은 황폐한 사막과 같았다. 이 황무지 가운데는 성이 하나 있었는데, 그곳에서 그는 성숙을 시험하는 커다란 사건을 만났다. 성에는 엄청난 고통 속에서 병든 한 남자가 누워 있었다. '성배의 왕'은 사타구니에 부상을 입고서, 어떤 미지의 기사가 그의 고통을 구원해주기를 기다리고 있어야만 했다.

성에는 신기한 것이 많았다. 성배는 그곳에 도착한 낯선 이들에게도 모습을 드러냈지만 성을 방문한 사람이 올바른 질문을 할 때만 왕은 치유될 수 있었다. 그러면 왕과 그 나라 전체에도 해방이 찾아올 수 있었다.

파르지팔은 구르네만츠가 해주었던 충고를 잊지는 않았지만 병상에 누운 아픈 왕을 보았을 때 겉으로 드러난 뜻만을 기억할 수 있을 뿐이었다. 그래서 호기심을 내세우지 않고 낯선 자들을 질문으로 괴롭히지 않았다. 하지만 파르지팔은 구르네만츠가 해준 마지막 충고였던 '고통받는 사람들에게 동정심을 갖는' 일은 잊어버렸다. 그래서 그는 왕을 구원할 질문을 하지 않았다.

성배가 나타났을 때, 아름다운 천상의 음악이 흐르고 천상의 불꽃이 터지며 성배의 기사들과 아름다운 처녀들이 천천히 행진을 하며 움직이고 있었다. 젊은 기사는 그 모습에 엄청나게 감동을 받았지만, 어리석은 소리를 할까 봐 두려워서 입을 다물고 있었다.

파르지팔은 아무런 말도 하지 않았다. 그는 잠에 들었는데 다음날 벌판 한가운데서 눈을 떴다. 성은 온데간데없이 사라졌고 어디에선가 들려오는 목소리를 들었다. '바보처럼 어리석은 젊은이로구나. 넌 질문하지 않았지. 네가 질문했더라면 왕은 치유되고 모든 땅은 회복되었을 텐데. 이제 너는 동정심을 배울 때까지 오랜 세월 동안 사막을 헤매리라.'

노민: 파르지팔은 삶에서 이런 사건을 겪으면서 자아를 강화해 갔지. 그런 뒤 그는 어떤 스승을 만나게 되는데 이는 아버지를 대체한 인물이야. 스승은 파르지팔이 옷을 바꿔 입을 수 있도록 해주었고 어머니에게서 이어진 탯줄을 끊어주었지. 그 스승은 세상이 어떻게 돌아가는지를 가르쳐주었고, 파르지팔의 자아는 스스로를 구축하기 위해서 진아에게서 멀어졌지. 신화에서 파르지팔의 어머니는 그에 대한 불만을 지닌 채 죽었다고 해.

맘투만: 아들은 어머니를 죽여야 하나요?

노민: 상징적인 의미라면 그렇지. 자아는 강해지기 위해서 어머니와 아버지를 떠나서 세상 속으로 들어가야만 해. 예수가 한 말을 알고 있나?

누구든지 아버지와 어머니를 미워하지 않고는 나의 제자가 될 수
도 없느니라.

누구든지 형제와 자매를 미워하지 않고 나처럼 십자가를 지지 않
으면 내게는 어울리지 않을 것이니라.[35]

맘투만: 《도마복음》을 말씀하신 것이 두 번째에요. 그런데 이 책
은 왜 지금의 《성서》 안에는 포함되지 않았나요?

노민: 이 책은 그노시스 학파의 경전이었지. 그래서 교회의 신
부들은 그노시스 사상과 투쟁을 했어. 사실 교회 사람들
은 그노시스의 책이나 기록을 모두 모아서 파괴했단다.
《도마복음》은 수 세기 동안 잊혀졌다가, 1945년 이집트
나그함마디의 항아리 속에 있던 50개의 콥트어(고대 이집
트어)로 쓰인 문서들 속에서 발견되었지.[36]

맘투만: 이 말씀은 이해하기 어렵네요. 예수는 사랑의 예언자인데
사람이 자기 부모를 미워해야 한다고 말했다고요?

노민: 확실히 이 말은 상징적으로 이해되어야 해. 《도마복음》의
글은 대부분이 이렇게 쓰여 있지. 청소년 시기 동안에는

자아를 확고하게 만들기 위해서 인간은 자기의 부모에게 반대해야 하지. 상징적으로 부모를 죽여야 하는 거야. 자신이 항상 옳다고 하면서 연장자들은 아무것도 알지 못한다고 생각하는 십대들에 대해서 들어본 적 있는가? 자기 부모가 나이 들어서 지금 시대를 이해 못한다고 하는 것을? 세상은 변하고 있으니 연장자들이 자랐던 때와는 다르다고 하는 것을? 이는 자아가 강해지기 위해 반드시 거쳐야 할 국면이야.

망투만: 언젠가 나도 차 범퍼에 붙여진 스티커를 본 적 있어. "문젯거리 있으세요? 그럼 저희 십대들하고 이야기하세요"라고.

어린 왕자: 그게 무슨 소리예요?

노민: 십대는 자신이 세상의 모든 것을 잘 안다고 생각하지. 하지만 실제로는 아주 조금밖에 몰라. 자, 계속해서 파르지팔 이야기를 해보자고.

자신을 찾는 '개성화'라는 여행

파르지팔은 5년 동안 세상을 떠돌았다. 그 시절에 신에 대해서는 생각하지 않았다. 그는 다만 싸우는 일과 기이한 모험만을 찾았다. 어느 날 파르지팔은 시녀를 데리고 가는 세 명의 기사를 만났다. 이들은 모두 걸어가고 있었는데 고행을 위한 옷을 입고 있었다. 이 사람들은 파르지팔이 성스러운 금요일[37]에 무장한 것을 보고 놀랐다. 파르지팔은 이날에는 무장을 해서는 안 된다는 것을 몰랐다. 기사 일행은 고결한 은자를 찾아보고 돌아가는 길이었다. 이 은자에게 지은 죄를 고백하고 용서받았던 것이다.

파르지팔은 이 말을 듣고 흐느껴 울면서 은자를 찾아가기로 결심했다. 그는 은자를 만나서 자신은 5년 동안 신을 망각하고 악행을 저지르고 살았노라고 고백했다. 은자가 왜 그렇게 살았는지 이유를 물었다. 그러자 파르지팔은 자신이 지난날 어부왕을 찾아가서 성배를 보았으나 어떤 질문도 하지 못했다는 이야기를 해주었다. 해야 할 일을 하지 못한 것 때문에 양심에 큰 가책을 받아서 그는 믿음과 신을 저버렸던 것이다.

은자는 파르지팔의 이야기를 다 듣고 난 뒤에 용서를 베풀었다. 그러자 젊은 기사는 다시 길을 떠났다. 그는 다시금 새로운 희망을 품게 되었다.

그 이후로 파르지팔은 성배의 성을 다시 찾고서, 이전에 저지른 잘못에서 스스로를 해방하려는 굳은 결심을 하였다. 그는 여러 모험을 겪었지만 늘 성배에 대한 생각을 머릿속에 간직했다. 그러

254

던 어느 날 참나무 위에 앉아 있는 한 처녀를 만났다. 그녀는 파르지팔이 친절하게 대해주자 마법의 돌로 만든 반지를 하나 주었다. 이 반지는 특이한 유리로 된 다리를 건너는 데 도움을 주고, 빙글빙글 회전하는 위험한 두 번째 다리를 건널 수 있게 해주었다. 다음 날 아침에 파르지팔은 비밀의 숲에서 길을 잃자 신에게 기도하며 성배가 있는 성으로 이끌어달라고 간청했다. 그러자 사냥꾼 한 명이 나타나서는 목적지에 이제 거의 다 왔다고 일러주었다.

마침내 파르지팔은 성에 도착했다. 성의 하인은 파르지팔을 보라색 왕좌에 앉아 있는 성배의 왕에게 데려갔다. 이때 파르지팔은 아픈 왕을 연민의 마음으로 쳐다보았다. 그는 왕의 고통에 공감하고 오랫동안 겪어온 시련을 생각하며 슬픔에 젖었다. 왕이 물을 때면 겸손히 지난 여러 모험을 말했으며, 자신이 저지른 잘못을 성실하게 답했다. 그리고 나서 파르지팔은 마지막으로 왕의 상태를 물었으며, 더 중요하게는 성배는 무엇이고 누구에게 대접하는 것인지를 물었다. 이 질문을 들은 아픈 왕은 비로소 몸소 일어날 수 있었으며 치유가 되어서는 파르지팔을 껴안아주었다. 그런 다음 자신은 파르지팔의 친할아버지였다는 비밀을 털어놓았다. 왕은 3일 정도를 살았고, 그 뒤에는 파르지팔이 왕이 되어 나라를 다스리게 되었다.

노민: 파르지팔은 치기 어리고 어리석은 채로 여행을 시작했다가, 마지막에는 성배가 자신의 진아를 나타내는 상징이며, 많은 고통을 겪고 동정심을 배운 뒤에야 깨달을 수 있다는 것을 이해했지. 그는 자신의 어두움, 융 심리학 용어로 말하자면 '그림자'[38]를 도로 되찾아서 빛을 전달할 수 있는 사람이 될 권리를 싸워서 얻어낸 것이야. 한 사람이 '개성화'라는 자기의 여행에서 크게 전진한 거지.

나는 지혜로운 노인을 바라보았다.

앙투안: 정말 아름다운 이야기예요. 그런데 저는 여기서 무엇을 배울 수 있는 거죠? 성배는 무엇이랍니까? 설명해주세요.

노민: 그게 뭐냐고? 십자가에 매달린 그리스도의 피를 모으는 데 사용되었던 술잔이라고 하지. 그것은 모든 사악한 것을 치유하는 약이었어. 인간에 대한 그리스도의 사랑을 나타내기 때문이야. 희생, 자신을 내어줌, 모두가 하나라는 메시지 등이 그렇지. 사랑만이 변화, 치유, 기적을 일으켰어. 그렇지만 성배가 상징하는 것은 더욱 중요해. 성배는 진아의 상징이야. 그것을 찾는 것은 개성화라는 영원한 여행, '자신을 알라'라는 여행이지.

어린 왕자: 파르지팔은 왜 사랑하는 엄마를 떠나야만 했어요?

노민: 자아가 스스로를 구축해서 더 강해지기 위해서지. 자아는 어머니 콤플렉스에서 자유로워져야만 했어. 파르지팔의 경우에는 아버지가 죽어서 어머니 콤플렉스는 다른 남성과의 유대를 통해서 전달되어야만 했어. 아버지를 대신해서 역할을 할 수 있는 남성이 필요했지. 그러나 그의 어머니는 이런 접촉을 못하게 그를 고립시켰던 거야.

맘투만: 그래도…. 파르지팔은 엄마로부터 자유롭게 되었네요.

노민: 그래 맞단다. 하지만 이런 일은 나중에나 일어났을 뿐이지. 그가 기사를 만나고, 구르네만츠와 같은 스승을 알고, 은자를 만났을 때 그렇게 된 거야. 오직 그런 뒤에야 파르지팔은 아버지 콤플렉스에 노출되었지.

맘투만: 그가 기사를 만난 것은 행운이었어요. 그가 보기에 기사는 신의 천사였고 그처럼 되고 싶은 욕망으로 인해 깨어난 것이지요.

노민: 난 행운을 믿지 않아. 그건 트럼펫이야. 이것이 진격을 알렸고, 진아와 함께 꾀를 냈으며, 파르지팔이 자신의 길을 가게끔 만들었지. 그때조차도 그의 어머니는 그를 자기에게 가까이 두려고 애를 썼어. 어릿광대 옷을 입히고서는 절대로 벗어서는 안 된다고 하면서 말이지. 그녀는 그런

우스꽝스러운 옷을 입고 조롱을 당해서 아들이 집으로 돌아오길 바랐던 거라네.

맘투안: 이 이야기에서 우리가 배울 수 있는 것은 어떤 교훈이죠?

노민: 이 이야기는 의식을 획득하기 위해서 파르지팔이 선택한 길을 설명하고 있어. 이를 융 심리학 용어로 말하면, '개성화'라고 할 수 있을 거야. 파르지팔은 어머니의 보호 속에서 삶을 시작했어. 그는 자기 아버지를 몰랐으며 고귀한 신분인 것도 몰랐지. 말하자면 그는 어머니와 연결된 무의식 상태로 살아간 거야.

맘투안: 그건 조그만 아이의 상태네요.

지혜로운 노인은 고개를 끄덕이고 계속 말했다.

노민: 구르네만츠는 그에게 많은 것을 가르쳐주었지. 하지만 파르지팔은 외부 세계와 연관된 것들에만 정신이 팔렸어. 동정심에 대한 가르침은 이해되지 못했지. 파르지팔은 삶의 전반부에 살고 있었기 때문에, 내면의 가르침은 안중에도 없었어. 그는 무기를 다루고 외부의 적으로부터 자신을 방어하는 법을 배운 것이지. 현대 세계라면, 이는 학교의 교육과 비즈니스의 삶과 같은 것이지. 이를테면 개

인이 자신의 자아를 강화해야 하는 삶의 전반부에 이루어
지는 가르침에 해당할 것이야.

앙투안: 하지만 그건 성배를 얻기에는 충분치 않잖아요?

노민: 맞아. 그는 첫 번째 기회를 맞이했지만 그걸 날렸지. 그는
올바른 질문을 할 줄 몰랐던 거야. 너무 형식적인 가르침
에만 전전긍긍했을 뿐이야. 그의 스승은 자아를 강하게
만들기 위해 아무것도 묻지 말라고 했으니까 말이야.

앙투안: 그 뒤로 그의 삶은 꼬였죠.

노민: 그게 정상이지. 그는 그럭저럭 자아를 강하게 만들었어.
기사들과 싸워서 이기고, 중년에나 이르러서 자신의 사막
에 도달했지. 모든 이의 삶에는 내면의 삶을 발달시킬 수
있는 때가 있는 법이지. 자아는 더 가르침을 얻기 위해 진
아에 다가가는 거야. 파르지팔은 사막에서 자신을 깨달았
어. 세상의 가르침이 그를 성장시켜주기에는 충분치 않은
그런 때가 되자 삶의 후반기에 들어선 것이라고 볼 수 있
지. 파르지팔은 성배를 찾아야 했어. 이야기가 말해주듯
그는 5년 동안 세상을 헤맸지. 그동안에 신에 대해서는 생
각한 것도 없이 모험만을 찾았다고.

어린 왕자: 그와 비슷한 사람을 알고 있어요.

어린 왕자가 나를 보며 말했다. 나는 무슨 소린지 모른 척했다. 지혜로운 노인이 계속 말했다.

노민: 하지만 파르지팔은 이렇게 살아서는 아무런 일도 이루지 못할 것이라고 느꼈지. 그래서 그는 성배를 찾기 시작한 거야. 첫 번째 기회가 왔을 때는 아무런 어려움도 없이 성에 갈 수 있었어.

어린 왕자: 눈 먼 행운이었어요.

노민: 하지만 그는 자신을 절제했고 삶을 모험으로 던지지도 않았어. 살기 위해 목숨을 걸었던 거지.

망투안: 아이러니하네요. 살기 위해 목숨을 걸었다고요?

노민: 정확히 그랬지. 결국에는 새로운 기회가 왔고 파르지팔은 준비가 되어 있었지. 그는 올바른 질문을 했어. "성배는 무엇인가요? 그것은 누구를 대접하는 것인가요?"

망투안: 왜 이게 올바른 질문이죠?

노민: 첫 번째 기회 때 파르지팔은 자신만을 생각했어. 왕이 병에 걸린 것에 어떠한 감정도 없었지. 자연스러운 동정심이 피어나지 않은 거야. 다른 이들에게도 마찬가지였지. 두 번째 기회가 왔을 때는 고생을 많이 해서 이미 성숙해졌어. 그래서 타인을 동정하는 마음을 가지고 있었지. 왕

의 아픔을 자신의 아픔으로 느끼고 있었어. "누구를 대접하는 것인가요?" 그것은 파르지팔 그를 위한 것이었고, 아픈 왕을 위한 것이었으며 고통받는 모든 이들과 모든 나라를 위한 것이었지.

나는 침묵 속에서 이야기에 담긴 의미에 깊은 감동을 느끼며, 잠시 가만히 생각에 잠겼다. 그러고 나서 말했다.

망투안: 아름다운 이야기예요. 하지만 여전히 저의 성배를 찾는 방법을 가르쳐주진 않아요.

노민: 이야기에는 이런 내용도 함께 있었지. 아서 왕의 기사들도 성배를 찾아야 했지만 기사들마다 자신의 길을 선택해야 했어. 이미 갔던 길을 따르는 것은 명예롭지 못한 것이라 생각했거든.

망투안: 그게 무슨 뜻인가요?

노민: 수 세기 동안 대부분의 인간은 교회가 개척해준 길을 따라갔지. 이제는 더 이상 그럴 수가 없어. 자네는 자네의 길을 개척해야 해. 이게 성배 신화를 '천년의 신화'라고 말했던 이유야.

망투안: 교회의 길은 성배로 가는 길일 수 없나요?

노민: 자네가 믿음이 있다면 그럴 수 있지. 그러나 믿음이 시장에서 거래되고 있는 상품처럼 되었기 때문에 다른 선택을 찾아야만 해. 이 신화는 그런 '길 찾기'가 개인적이며, 각자는 이전에 누구도 가지 않은 자신만의 길을 발견해야 한다는 것을 말해주고 있지.

암투만: 그것 참 힘들군요.

노민: 삶이 쉽다고는 한 번도 말한 적이 없네. 나는 다만 또 다른 중요한 점을 말하고 싶을 뿐이야. 산의 정상에 오르는 길은 많다네. 자네는 동쪽을 따라 올라갈 수 있어. 서쪽이나 남쪽 혹은 북쪽을 택할 수도 있지. 어느 방향으로든 오를 수 있지만 모든 방향에서 오를 수는 없다네. 정상에 오를 길 없는 가장 확실한 방법은 한 방향을 따라 시작하다가 더 좋은 길을 찾을 거라 생각해서 되돌아오는 것이지. 오르다 내려오고 하는 식으로는 절대로 산의 정상에 이를 수 없을 걸세.

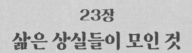

23장
삶은 상실들이 모인 것

마실 물을 가득 채우고서 그날 열심히 일한 끝에 드디어 비행기를 고쳤다. 난 안심했다. 나의 작은 친구에게 기쁜 소식을 전하기 위해, 있는 힘을 다해 우물로 달려갔다. 나는 멀리서 어린 왕자가 담 위에 앉아 있는 것을 보았다. 누군가와 이야기를 하고 있었다. 나는 멈춰서 귀를 기울였다.

어린 왕자: 여기가 내가 떨어진 곳이었니?

벽 뒤에서 목소리가 들리는데 무슨 소린지 들을 수 없었다. 어린 왕자가 답했다.

어린 왕자: 내일이 바로 그날이 될 거야. 하지만 그 위치가 분명한지 알 수가 없어. 내가 일 년 전에 도착한 곳과 똑같은 곳에서 집으로 돌아가는 여행을 시작하는 것이 중요해. 그렇게 해서 잘못된 방향으로 가지 않고 내 별로 돌아갈 거야.

이런 세상에! 그래서 우리 어린 왕자는 떠날 계획을 하고 있는가? 나는 울면서 지혜로운 노인을 찾아갔다. 노인을 보자 거의 소리치듯이 말했다.

앙투안: 어린 왕자가 우릴 떠나려고 해요!
노민: 자네는 그 애가 떠날 거라는 것을 항상 알고 있었어. 자네가 꿈을 꿀 수 없을 때 그 애는 자네를 버릴 걸세.
앙투안: 그렇다고 해도 울음을 그칠 수 없네요. 자기 별로 돌아가기 위해서 뱀더러 죽여 달라고 할 거란 말이에요. 우리 애가 죽을 거예요.

지혜로운 노인은 나를 진정시켜주려 했다.

노민: 우리의 어린 친구는 죽을 수 없네. 그 애는 불멸의 존재야.
앙투안: 하지만…. 자기 별로 갈 거란 말이에요. 전 다시는 그 애를

보지 못할 거예요.

노민: 이보게, 친구여, 이걸 이해해보게. 이 별은 자네 마음속에 있네. 자네의 어린 친구, 그 친구의 꽃과 양과 화산들처럼 말일세.

이 말로 인해 나는 완전히 머리가 어지러웠다.

망투만: 그러나···. 제가 어떻게 그 애와 말할 수 있죠?
노민: 내가 이미 말했지 않은가. 적극적 명상과 꿈 말일세.

나의 장미는 오직 나만이 돌볼 수 있다

그날 밤 나는 지구에서 나와 함께 살자고 어린 왕자를 설득하려 무진 애를 썼다.

망투만: 행복할 수 있어. 내가 집에 장미로 가득한 정원을 만들어 줄 수 있다고.
어린 왕자: 지구에서 여행하면서 저는 장미로 가득한 정원을 보았어요. 모든 장미꽃이 너무 멋졌어요. 하지만 그 어느 것도

'나의 장미'는 아니었지요. 제가 별에 두고 온 장미는 없었어요. 이 장미들은 보살핌을 잘 받고 있었어요. 제가 필요치 않아요. '나의 장미'는 오직 저만이 돌볼 수 있답니다. 그게 차이점이에요.

망투안: 뱀더러 별에 되돌아갈 수 있게 도와달라고 할 거니?

어린 왕자: 네. 제 별은 너무 멀리 있어서, 이런 무거운 몸으로는 갈 수 없어요.

망투안: 뱀이 하는 약속은 믿지 마라. 뱀들은 믿을 수 없어.

내가 무슨 말을 해도 어린 친구를 설득하지 못할 것 같았다. 나는 계속 애를 써보기로 결심했다. 할 수만 있다면 뱀이 일을 내기 전에 그 놈을 죽여버릴 참이다.

그날 밤 마지막으로 비행기 수리를 하는 도중에 그는 조용히 나를 떠났다. 모든 준비가 끝났다. 아침 해가 뜨면 우리 어린 왕자를 태우고 비행기를 띄울 것이다. 나는 한쪽을 바라보았다. 어디에 있지?

나는 우물로 달려갔다. 멀리서 뱀이 사는 담 쪽으로 걸어가는 어린 왕자를 보았다. 나는 그쪽으로 갔다. 그가 종종걸음을 걸어서, 나는 달려야 했다. 내가 가까이 다가가자 그가 말했다.

어린 왕자: 비행기를 고쳐서 너무 좋아요. 떠날 수 있을 거예요.

맘투안: 나랑 같이 가는 게 어때?

어린 왕자: 그럴 수 없어요. 보살펴야 할 꽃이 있어요. 부탁이에요. 제가 떠나는 것을 지금보다 더 힘들게 하지 말아주세요. 무서워요. 그렇다고 해도 혼자 가는 게 낫겠어요. 전 죽은 것처럼 보일 거예요.

말할 수 없었다. 난 눈물에 빠져 죽고 있었다. 그는 나를 위로해주려 했다. 내가 살아 있는 동안에는 그가 죽을 것 같지 않았다. 그게 정말로 살 만한 가치가 있었을까? 뱀더러 도와달라고 해야 했었나?

어린 왕자: 울지 말아요. 하늘을 바라볼 때 내 별을 보게 될 거예요. 그러면 제가 손을 흔들어드릴게요.

갑자기 우리는 담에 가까이 있다. 그는 내 손을 놓고 앞으로 한 발 걸어 나갔다. 마치 노란 번개가 그의 다리를 내리치는 것 같았다. 아, 나의 친구는 내 팔로 서서히 쓰러졌다. 내 눈물이 그의 몸을 적셨다. 내가 그에게 바치는 마지막 조의였다. 나의 어린 친구는 죽었고 내 일부도 가지고 떠났다.

지혜로운 노인이 내게 나타났을 때 친구의 죽음에 애도했다. 노인은 내 머리에 오른손을 올리고 말했다.

노민: 삶은 계속되어야 하네. 삶은 성장을 향한 여행이지. 자네가 자네의 길을 벗어난다면 하느님이 자네에게 부드러운 신호를 보낼 거야. 만일 이 신호가 무시된다면 자네를 사막 한가운데로 던질지도 모르네.

맘투만: 저는 이미 사막에 있어요. 하지만 내일이면 떠날 거예요.

노민: 정말인가? 내가 말한 사막은 상징이라네. 그걸 프랑스로 가져가지 않도록 조심하게나.

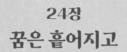

24장
꿈은 흩어지고

일 년이 지났다. 비행기가 날 사막에서 벗어나게 해주었다. 물리적인 사막은 그랬다. 하지만 나는 심리적인 사막에서 결코 벗어나지 못했다. 그래서 언젠가 지혜로운 노인이 말해준 것처럼, 뉴욕이나 파리 혹은 그 어디에서 살더라도 내가 서 있는 곳은 황량한 곳일 수 있다. 나는 사막에서 지낸 행복한 그때 이후로 다시는 이 친구를 보지 못했다.

아마도 지금 나는 어린 왕자의 죽음에 좀 더 익숙해진 것 같다. 내가 정말 그럴까? 아니다. 매일 밤 나는 하늘을 바라보았다. 새벽이 다가오기 몇 시간 전을 기다렸다. 이때는 도시의 불빛이 꺼지면서 별들은 더욱 밝아지고, 훨씬 더 빛이 난다. 그러면 나는 몇 시간 동안이나 나의 어린 왕자에게 손을 흔든다.

날 보고 있을까? 물론 아니다. 난 완전히 혼자라는 것을 안다. 그 꽃은 어디에서 살고 있을까? 양이 그 꽃을 먹어버렸을까? 잠자고 있는 화산들은 지금쯤 깨어났을까? 어떻게 됐을까? 어떻게 살고 있을까?

나는 한 번도 어른에게 내 이야기를 한 적이 없다는 것을 실토해야겠다. 그들은 결코 이해하지 못할 것이다. 나는 사막과 별을 그렸다. 그 이미지는 내 영혼 깊이 놓여 있고, 내가 항상 좋아하는 것이다.

나는 생각을 나의 어린 친구에게 돌렸다. 또 지혜로운 노인을 떠올렸고, 적극적 명상에 대한 가르침을 기억했다. 조용히 지혜로운 노인을 불러본다. 그런데 어딘지 모를 곳에서 기적처럼 그가 나타났다.

노민: 행복한 순간이군! 사막 바깥에서 자네를 보리라고는 한 번도 생각해 본 적이 없네. 자네가 언제든 나를 찾을 수 있다고 이미 말했지. 나는 자네 안에 살고 있지만 나를 만나려면 나를 찾아야 해.

나는 현명한 노인을 보니 너무 반가웠다. 이 지혜로운 양반이

계속 말했다.

노민: 내가 온 이유는 자네가 걱정이 된다는 말을 하고 싶어서
네. 우리가 나눈 대화를 잊었는가?

깜짝 놀란 나를 보고 지혜로운 노인은 내가 자신과 나누었던
대화가 뭔지를 정확하게 모르고 있다는 것을 알아챘다. 우리는
사막에서 이런 행복한 날들을 아주 많이 보냈었다. 그가 다시 말
했다.

노민: '어린이처럼' 되기 위한 올바른 길은 앞으로 나가는 것이
야. 그것은 자네가 의식의 나무에 달린 열매를 먹는 거지.
자네는 그 나무에 달린 가지들을 헤치고 생명의 나무에
도달할 수 있을 거야. 그런데 내게는 자네가 뒤를 돌아보
고 있는 것으로만 보여.
망투만: 그게, 저는 우리의 어린 친구를 잊을 수 없어요.
노민: 자네는 그 아이를 잊지 않아도 돼. 하지만 계속 움직여야
만 해. 사막에서 승리해야 하네. 내가 욥의 이야기를 해주
지. 《구약성서》에서 가장 아름다운 이야기들 가운데 하나
이기도 해.

신도 인간과 더불어 변한다

맘투만: 저는 성서에 나온 그 이야기를 전혀 이해하지 못했어요. 저는 그 이야기가 정의롭지 못하다고 봐요. 신이 악마와 한 내기에서 이기기 위해 욥을 그렇게나 심하게 괴롭히다니 말이에요.

노민: 욥 이후에 신은 변했지. 신은 좀 더 의식적이게 되었어.

맘투만: 받아들이기 힘드네요. 좀 더 말해주시겠어요?

노민: 융 박사를 기억하지? 사막에서 우리를 방문했잖아?

맘투만: 그럼요. 물론이죠.

노민: 그는 글을 한 편 남겼는데, 거기서 내가 자네에게 해줄 말을 적어 놓고 있지. 그는 이 글을 일흔다섯 살에 썼어. 그러고 나서 자기가 지금까지 지은 모든 저술들을 다시 쓰고 싶다고 했지. 다만 자신이 쓴 글들 중에 어떤 문제도 없는 유일한 글이 바로 〈욥에게 하는 답〉이었어.

맘투만: 그 말을 들으니 궁금해지네요. 어서 말씀해보세요. 이제 불쌍한 어린 왕자는 여기에 없지만요. 이야기를 참 좋아했는데.

노민: 신은 시간에 따라 변했다는 것을 먼저 이해해야 해. 구약의 신은 완벽한 신이지. 그 신은 선이면서 악이라는 것을

알 수 있어. 공평하면서도 불공평하고, 사랑할 수도 증오할 수도 있는 존재였지. 구약의 이 신을 신약의 신과 구별하기 위해 지금까지 했던 것처럼 '야훼'라고 부르고, 신약의 신은 기독교의 신, 사랑의 신이라고 부르자고.

맘투안: 그러면 야훼는 악하다고 말씀하시는 건가요?

노민: 아니야! 절대 그렇지 않아. 야훼는 좋으면서 나쁜, 전체성이었지. 야훼 속에서 자네는 선과 악을 찾은 거야. 최초의 교부였던 클레멘스 1세Clemens I[39]는 '신은 왼손과 오른손으로 세상을 돌본다'라고 가르쳤어. 오른손은 선의 손이며 그리스도야. 왼손은 사탄이지. 마니교가 멸망한 뒤에 교회는 클레멘스를 부정하고, 신은 오로지 선할 뿐이라고만 했지. 기독교 종교는 일신론이 아니야. 왜냐하면 사탄이 죽지 않았기 때문이지. 사탄은 신의 선한 부분인 그리스도와 함께 존재하고 있어. 그는 우리의 무의식에 숨어 있지. 신화학자 캠벨의 말이 생각나는구면. '악마들은 우리가 억압했던 천사들이다.'

맘투안: 정말로, 어떻게 신이 지상에 그토록 수많은 수치스러운 일이 생기게 했는지 설명하기 힘들죠. 인간이 선택의 자유, 즉 자유의지를 가지고 있다는 이 이야기를 저는 받아들이지 못하겠어요.

노민: 불행히도 사람은 무의식에서 스스로를 방어할 수 없다네. 그의 자유의지는 의식을 획득할 수 있는 능력에 제한되어 있지. 지식이 더 많을수록 더 의식적으로 될 수 있어. 삶에서 얻은 가르침을 더 많이 흡수할수록 자유의지는 더욱 커질 수 있다네.

맘투만: 그러면 무의식에는 무엇이 있나요?

노민: 이 문제와 관련해서 사람은 방어할 수 있는 것이 없네. 그의 자유의지는 더 이상 작동하지 않아.

맘투만: 왜 그렇죠?

노민: 왜냐하면 자아는 무의식적인 그 어떤 것도 지배할 수 없기 때문이지. 무의식에 감추어진 콤플렉스들은 스스로의 에너지를 가지고 있어서 자아와 독립적이야. 자아가 이런 힘들을 통제하기 위해 하는 싸움은 부끄러운 일이지. 그건 마치 자네가 보이지 않은 적과 주짓수를 하는 것과 같아. 어떻게 적을 움켜잡을 수 있겠나?

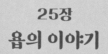

25장
욥의 이야기

나는 지혜로운 노인이 말해준 것을 생각하느라 잠시 동안 말을 하지 않았다. 그가 말을 이었다.

노인: 《성서》의 오래된 이야기를 기억해보게. 욥은 큰 부자였고 신을 경외하였지. 신은 사탄과 이야기하면서 욥은 자신의 가장 훌륭한 하인 중 하나라고 자랑할 정도였다네. 그러자 사탄이 신에게 맞대응하면서 욥이 신을 그토록 사랑하는 것은 신께서 그에게 베푼 근사한 모든 것들을 생각하면 당연하다고 말했어.

사탄이 말했다. "이제 손을 들어 그가 소유한 것들을 쳐보십시오. 그러면 그는 반드시 당신 얼굴에 대고 욕을 할 것입니다." 그러자 하느님은 사탄에게 말씀하였다. "좋다! 네가 그가 가진 것을 네 마음대로 하여라. 그러나 그의 몸에는 손을 대지 마라."**40**

노민: 사탄은 하느님 앞에서 물러나 일을 시작했지. 먼저 사탄은 욥이 가진 모든 재산을 빼앗았어. 소, 양, 당나귀, 낙타를 죽였지. 또 사탄은 욥의 아들과 딸들을 죽였어. 하지만 그런 끔찍한 일이 생겼음에도 욥은 하느님을 계속 경배했다네.

'알몸으로 어머니 배 속에서 태어나, 다시 알몸으로 돌아가리라. 하느님이 주셨으니, 하느님이 도로 가져가시는 것. 오직 하느님의 이름을 찬양할지어다.'**41**

노민: 사탄은 하느님을 다시 만나서 자신의 패배를 인정했어.

하지만 자신이 욥에게 직접 손대는 것을 허락한다면, 욥은 하느님을 모욕할 것이라 했지.

사탄: 가죽은 가죽으로 바꾸는 법입니다.[42] 사람이 자기 생명을 구하기 위해서는 무엇이든지 포기할 것입니다. 이제 하느님의 손을 펴서 그의 살과 뼈를 한번 쳐보십시오. 그러면 당장 그가 정면으로 하느님을 저주할 것입니다.

하느님: 좋다! 네가 그를 네 마음대로 하여라. 그러나 그의 생명만은 해치지 말라.[43]

노민: 그러자 욥은 끔찍한 병에 걸렸지.

맘투안: 어떻게 신이 이런 부당 행위를 허용할 수 있어요? 선한 신이라고 생각할 수 있는 건가요?

노민: 좀 누그러뜨려서 말한다면 그 신은 무의식적인 신이라고 할 수 있을 걸세. 이런 이유로 융은 신이 인간들이 의식을 획득해주길 바란다고 말하지.

맘투안: 그것 참 대담한 생각이네요.

노민: 그렇지. 그러나 융은 '심리적 신'을 말했다는 것을 기억해

282

봐. 그에 따르면 우리는 세 가지 신을 구별할 수 있지. 먼저 구약에서 유래한 신 야훼야. 완전한 신이고 선과 악을 포용한 존재지. 그다음으로는 신약의 신이고 이는 사랑의 신이지. 사랑의 신은 전체성의 한 측면일 뿐이라서, 악을 무의식에, 사탄을 무의식에 억압한 원인이 되었지. 마지막으로는 심리적 신이 있어. 이 신은 우리 모두의 내면에 존재하는 진아지. 우리는 항상 이 내면의 신 진아를 말하고 있었네.

진아 안에 존재하는 악을 깨닫기

맘투만: 진아는 선한가요, 악한가요?

노민: 진아도 전체성을 나타내지.

맘투만: 저는 이 지구에 왜 살고 있는지 모르겠어요. 차라리 어린 왕자와 함께 그의 별에서 살고 싶어요.

노민: 자네가 지구에 살고 있다는 것은 삶의 객관적 사실이야. 왜 사는지 그 이유를 말하라면, 새로운 지식을 흡수하고 자네의 신성한 부분인 진아의 좀 더 많은 것들을 의식하기 위해서지.

암투만: 왜 단지 일부분이죠? 진아 전체는 왜 아니죠?

노민: 왜냐하면 그건 우리에게 너무도 거대하기 때문이야. 성 크리스토퍼의 이야기를 기억해보게. 그는 예수를 업고서 강을 건너는 무게를 견뎌내지 못했지.

암투만: 우리는 악도 잘 알아야 하겠네요.

노민: 당연하지. 무의식적인 악은 문제를 일으키는 것이야. 자아로 통제할 수 없기 때문이지. 악은 우리를 통해서 뭔가 일을 저지르지. 악을 통제하는 자아가 없이도 말이야. 만일 우리가 진아 안에 존재하는 이러한 악을 깨달을 수 있다면 그것을 실행할 건지 말 건지를 선택할 수 있어. 하지만 자각하지 못하는 경우라면 선택은 불가능해. 우린 상황에 따라 달라질 수밖에 없게 될 거야. 만일 정서에 사로잡혔다면 실행하는 것은 우리의 자아가 아니라 우리의 무의식이지.

암투만: 좀 더 자세히 설명해주시겠어요?

노민: 융이 쓴 《인간과 상징》에서 한 가지 예를 들어보지. 어떤 아프리카 원주민이 있었는데, 이 사람은 물고기를 한 마리도 잡지 못해 짜증을 내고 감정의 힘에 사로잡혀 있었어. 당연히 생각할 수 있는 힘이 차단돼버렸지. 이 사람은 결국 자기 아들을 목 졸라 죽이고 나중에서야 엄청난 후

회를 하게 돼.

맘투만: 와우, 이건 좀 너무 심하지 않아요? 놀랍네요.

노민: 이건 실화야. 우리가 무의식의 힘에 지배될 때는 자유의
지를 갖지 못해. 정상적인 상태에서는 절대로 일어날 수
없는 일이지. 어떤 아버지도 그런 바보 같은 이유 때문에
자기 아들을 죽이지는 않아. 그러나 무의식은 분별력이
없어. 그래서 그 순간 그 아버지란 작자는 자기 무의식의
통제를 받고 있었던 거지.

맘투만: 믿을 수가 없군요.

노민: 잠깐 생각해봐. 자네가 얼마나 바보 같은 짓들을 많이 했
었는지. 감정에 휩쓸리고 무의식에 빠져서 말이야. 사소
한 말다툼이나 하찮은 교통사고 때문에 일어난 살인들을
들어본 적이 없나? 별것도 아닌 미미한 교통사고로 다투
는 일이 과연 총질로 끝장을 봐야 될 일인가?

맘투만: 글쎄 말이에요. 그런 일이 번번이 일어나죠.

노민: 그 때문에 우리는 콤플렉스에 사로잡히는 것을 피하면서
더 많은 의식을 획득하기 위해, 우리 무의식의 더 큰 부분
들을 흡수하기 위해 노력해야 하는 거야. 우리는 자아와
진아의 창조적 관계 설정을 목표로 해야 하네.

맘투만: 이것을 어떻게 할 수 있죠? 어떻게 나의 자아가 무의식의

더 많은 부분들을 흡수할 수 있지요?

지혜로운 노인은 답하지 않았다. 아마도 과거에 이와 비슷한 대답을 너무 많이 했기 때문에 그냥 침묵하기로 한 것 같았다.

나는 욥의 이야기를 다시 생각했다. 지난날 교회가 보통 사람들이《구약성서》를 읽는 것을 왜 금지했는지 그 이유를 이제는 알 것 같았다. 야훼가 선한 신이라는 것을 믿을 수가 없다.

지혜로운 노인은 내가 그린 사막을 바라보면서 말했다.

노인: 자네가 그린 그림에서 사막은 죽은 것처럼 보이는군. 유일하게 중요한 것은 별이야. 이러면 자네는 성배를 찾을 수 없을 걸세.

망투만: 지구에는 마음을 둘 곳이 전혀 없어요. 우린 어리석은 전쟁을 하는 중이에요.

노인: 모든 전쟁은 어리석지.

망투만: 제가 살아남을 수 있을지도 모르겠어요. 하지만 상관없어요. 이 무거운 육신에서 자유롭게 되면 어린 왕자와 살 수 있게 될지도 모르죠.

앙투안은 지금 행복할까?

생텍쥐페리는 이 걸작을 1943년에 출간했다. 그는 1944년 7월 31일 정찰 비행 임무를 수행하다가 사라졌다. 그가 탄 비행기가 독일군에 의해 격추되었으리라 추정된다. 2004년 4월 바다 속에서 비행기의 잔해를 건져 올렸다. 전문가들은 조사를 통해 그가 바다에 곧장 떨어진 것으로 결론 내렸다. 비행기에 총탄 흔적은 발견되지 않았다.

생텍쥐페리는 사랑하는 어린 왕자와 멀리 떨어져서 사는 것을 견딜 수 없었을까? 그는 어린 친구와 하늘에서 즐겁게 놀면서, 지금은 더 행복할까?

진정한 어른이 된다는 것

저자의 특별한 이력

이 책은 로베르토 리마 네토의《The Little Prince for Grown-ups》(CreateSpace Independent Publishing Platform, 2012)를 한글로 옮긴 것이다. 한글 제목을 '내 마음도 모른 채 어른이 되었다'로 정한 것은 나이로는 어른이 되었지만 삶의 갈피를 잡지 못하는 이들에게 이 책의 내용을 보다 친숙하게 전달하기 위해서이다.

로베르토 리마 네토는 브라질 태생의 작가이다. 그는 본래 경제학을 전공한 사람이었다. 미국의 스탠퍼드 대학에서 경제학 박사 학위를 받았으며(1969년), 주로 거시경제 분야를 연구하였다. 이후 모국인 브라질에 돌아가서 국가 경제 개발 계획을 입안하는 경제 관료로 유능함을 인정받았다. 이어 현실 정치에도 참여하여 정치와 경제 분야에서 국민의 삶을 향상시키려는 꿈을 실현하기 위해 하원의원을 역임하기도 했다. 또한 국영기업의 책임자와 민간 부분 기업 CEO로 활동하였는데, 남미 최대의 제철소인 CSN(국립 철강회사)의 경영난을 극복하고 정상화시키면서 발전시킨 공이 대표적으로 손꼽힌다. 그의 작가 활동은 은퇴 이후에 본격적으로 시작되었다.

저자의 삶은 그가 이 책에서 기술한 것처럼 삶의 전반부와 후반부가 극명하게 대조되고 있다. 삶의 전반부는 모국 브라질의 역사와 긴밀한 관련을 맺고 있다.

브라질은 이웃 나라들이 스페인어를 쓰는 것과 달리 포르투갈어를 사용하는 국가이다. 이는 브라질이 오랜 기간 포르투갈의 식민지 지배를 받았기 때문이다. 브라질은 식민지에 뿌리를 둔 대지주들과 근대화 이후 미국을 중심으로 한 자본가들이 서로 결탁해서 만들어놓은 체제와 그로부터 비롯된 병폐에 오랫동안 시달리고 있다. 이는 지금까지도 끝나지 않고 유지되고 있는 현실적 상황이다.

이러한 역사적 현실 속에서 저자는 미국으로 유학을 하여 경제학을 전공하고, 나라를 부강하게 만들기 위한 실제적인 일에 종사하였다. 그가 젊은 경제 관료로서 브라질의 경제 개발 계획을 수립한 때는 우리나라가 경제발전을 위해 총력을 다했던 시기와 일치한다. 실제 우리나라가 경제 개발을 막 시작하고 있던 1970년 대 초에 한국에 초청을 받아 서울에 온 적도 있다. 그러나 한강의 기적을 일으킨 우리와 달리 그의 노력은 브라질에서는 기적을 만들어내지 못한 것처럼 보여서 안타깝다. 이 책의 한국어판을 출간하면서 저자는 한국의 놀라운 경제 발전에 경의를 표하기도 했다.

저자가 심리학에 관심을 가진 것은 경제학이란 외향적 학문과 균형을 이루기 위한 것이었다. 저자의 융 심리학에 대한 관심은 삼십대부터 꾸준히 추구되어 온 것이었다. 외향적으로는 부의 생산과 분배를 위한 방법을 모색하였고, 내향적으로는 참다운 삶과 진정한 나 자신을 자각하려는 길을 찾았다. 책상물림은 세상물정에 어둡고 사업가는 내면이 사막처럼 황폐하기 쉽지만, 그의 삶은 내면과 외면의 개발과 성장을 추구하고 통합해왔던 보기 드문 하나의 예라고 할 수 있을 듯하다.

외면의 세계에서 성공한 사람으로서 그가 내면의 성공을 위해서 돌아본 것은 작가 활동이었다. 그의 작품들은 융 심리학의 배경을 이루는 서구의 주류적 신화와 종교, 철학과 문학 등에 대한 것뿐 아니라, 주류 문화에서 벗어난 불교, 힌두교, 그노시스, 샤머니즘, 수피즘, 카발라, 영성 수행 등과 같은 다양한 동서의 영적 자원들을 섭렵하고 있다. 이러한 풍부한 자원들을 이해하기 쉽게 전달하는 것이 저자가 지닌 힘이다.

저자는 예수와 같이 우화를 들어 사람들에게 가르침을 베푸는 것이 작가의 길이라고 생각한다. 그래서 상상력에서 피어나는 소설의 형식을 통해서 그 길을 걷고자 한다. 이러한 길을 걸으면서 저술한 대표적인 작품들은 여기 소개하는 책을 포함하여, 《융 바이블Jungian Bible》, 《융 심리학에 대한 쉬운 안내서Easy Guide to Jungian Psychology》, 《아마존 샤먼The Amazon Shaman》, 《행복을 찾아서In Search of Happiness》, 《보물찾기Finding the Treasure: Success in Life and in Business》 등이 있다(2011~2012년 출간, 국내 미출시).

특히 유명한 것으로는 《아마존 샤먼》과 《융 바이블》을 들 수 있다. 《아마존 샤먼》은 아마존 정글에 불시착한 어느 조종사가 샤먼의 도움으로 목숨을 구하면서, 그들이 생존을 위협하고 있던 범죄 조직과 싸우는 스릴러 형식의 흥미진진한 내용을 담고 있다. 이러한 설정 속에서 현대인을 대변하는 비행기 조종사는 자연의 지혜를 설파하는 샤먼의 가르침을 배우고 자기 성장을 이룬다. 샤먼의 가르침을 융 심리학의 주제와 개념을 통해 현대적으로 해석하면서, 브라질의 고유한 사상을 흥미롭게 소개하고 있다.

《융 바이블》은 성서 해석의 두 가지 경향인 종교적 신념에 입각한 방식과 과학적 이해 방식이 몰고 온 파괴적인 갈등을 하나로 모색하는 방법을 이야기하고 있다. 이는 제3의 이해 방식으로서,

융의 심리학이 지향하는 마음의 성장과 발달에 초점을 맞춘 개성화 과정으로 성서를 이해하는 것이다. 이를 통해 현대인의 과학적 상식과 종교적 신념이 갈등하거나 대립하지 않고 새로운 종합을 이룰 수 있을 것이라고 제안하고 있다.[44]

《어린 왕자》에 대한 융 심리학의 해석

《어린 왕자》를 심리학적으로 분석한 글 가운데 유명한 것으로는 융 심리학의 충실한 해설자인 마리-루이제 폰 프란츠Marie-Louise von Franz가 한 것을 꼽을 수 있다. 융 학파는 우리의 마음속 깊은 곳에 원형이 존재하고 있다고 본다. 원형은 우리 마음에 큰 영향력을 행사하는 이미지를 만들어내는 형식 같은 것이다. 빵 모양을 만드는 빵틀에 비유할 수 있다. 마음속에 이미지가 많듯이 원형에도 많은 수가 있다.

'어린 왕자'는 이들 원형 가운데 하나인 '푸에르(소년)'에서 생겨난 이미지이다. '푸에르'라는 틀은 우리 마음에 '어린아이와 같은 마음'을 만들어낸다. 원형은 강력한 힘을 가지고 있어서 우리의 마음은 원형이 시키는 대로 끌려갈 수밖에 없다. 그런데 어린아이와 같은 마음은 한쪽으로는 좋지만 다른 한쪽으로는 나쁘기도 하다.

어린아이와 같은 마음은 유치하고 어리석게 될 수도 있고, 아무런 세상의 때가 묻지 않는 맑고 순수한 마음이 될 수도 있다. 우리의 한자말에서 순진무구純眞無垢(순수하고 깨끗하여 때가 없음)가 이런 마음을 잘 나타내준다. 만일 푸에르가 유치하고 어리석은 마음을 만들어내고 그 영향을 벗어나지 못하면, 아이처럼 유치하고 '싹수없는' 행동을 하며 그 마음도 남을 생각하지 못하고 이기적이며 편파적인 것에 머물 것이다. 몸은 어른처럼 커졌지만 마음은 여전히 아이에 머물고 있다면, 이 무늬만 어른인 사람은 본인은 물론이고 그와 관계 맺는 여러 대상에게 피해를 줄 것이다. 아이는 무조건적인 도움을 주어야 할 정도로 자립하지 못한 의존적 존재이기 때문이다. 이 사람이 만약 결혼을 했다면 결혼의 유지는 물론이고 자녀의 양육도 실행하기 어려운 과제일 것이다. 비극적인 인생과 가족사가 펼쳐지는 것이다.

그러나 푸에르가 순진무구한 마음을 만든다면 그것은 주로 창조와 관련된 일에 큰 영향을 미친다. 사물을 바라보는 과학자의 눈이 순진무구하다면 편견에 물들지 않은 관찰을 통해 새로운 발견을 해낼 것이며, 예술가의 순진무구한 마음은 일상의 단조로움과 진부함 속에서 참신한 생기를 찾아낸다. 비단 과학자나 예술가와 같은 특별한 사람이 아니라, 보통 사람들도 푸에르가 만드는 창조의 이미지를 마음에 품으면 보이는 모든 것에서 유일무이한 의미를 찾아낸다. 이러한 푸에르의 원형이 프랑스의 작가 생텍쥐페리에게 선물처럼 내려서《어린 왕자》를 짓게 하였고, 그 안에 등장하는 여러 에피소드와 인물들을 통해서 드러난다. '보아뱀이 삼킨 코끼리'는 순진무구한 눈이 투시하는 진실을 세상이 어떻게 거부하고 배척하는지를 잘 보여주는 예이다.

마리-루이제 폰 프란츠는 생텍쥐페리를 통해서 나온《어린 왕자》의 원형을 검토하면서, 그것이 '영원한 소년(푸에르)'에서 나온 것이며 창조성의 근원이라고 설명한다. 그러나《어린 왕자》에는 무언가 미숙하고 현실에 적응하지 못하는 불안한 어른의 마음이 완전히 가시지 않았다고 보았다. 이는 불운한 삶을 살았던 작가의 마음에 투영되어 있는 불안 때문이다.

어른이 된다는 것은 소년 시기를 지나 성장하고 발달하는 것을 뜻한다. 신체는 시간이 지나면 자동적으로 어른으로 자라나지만 마음은 그렇지 못하다. 마음이 성숙한 어른이 되기 위해서는 소년이 세상과 만나면서 배움을 통해 지혜를 얻어야 한다. 하지만 세상은 소년의 순진무구한 마음을 받아주지 않는다. 세상은 소년의 힘으로는 감당하기 어려운 다양한 문제들이 있다. 이 문제들을 해결해나가면서 성숙된 어른이 된다. 하지만 소년은 힘이 약하고 문제 해결을 위한 과정에서 너무도 많은 역설과 모순에 직면한다.

부모가 지켜주는 곳에서는 모든 것이 단순하며 명료하고 아름답고 선하며 질서 있게 구분되어 있었지만, 세상은 복잡하고 불

분명하며 추하고 악한 것이 더 기승을 부리는 것처럼 느껴진다. 이러한 세상의 본질을 몸과 마음을 통해 경험하고 이해하지 못하게 되면, 소년은 상처를 받고 성장과 발달에 문제가 생긴다. 성장이 더디거나 거기서 그치고 심한 경우에는 오히려 뒷걸음치며 퇴행하게 된다. 오른쪽 다리만 자라고 왼쪽 다리는 자라지 않는 경우는 없지만, 마음은 군데군데 성장을 멈추고 산길처럼 울퉁불퉁 평탄하지 않게 된다. 어른의 성숙함을 이루지 못하는 대신 자주 어린 시절의 안전과 평온을 기대하며 거기로 도망치려고 한다. 게다가 무모한 모험을 즐기고 얼빠진 로맨스에 탐닉한다. 모두 세상을 참되게 경험하고 이해하지 못했기 때문에 생겨나는 부작용이다.

이 책은 융 심리학의 가장 깊은 정수인 개성화(고유한 가치를 지닌 성숙한 인간이 되는 길)를 《어린 왕자》의 인물과 줄거리를 빌려서, 어른이 된다는 것의 진정한 의미를 말해주고 있다. 융 심리학은 내용이 심오해서 다소 어렵다는 평을 받고 있는 편이다. 그러나 리마 네토 박사의 책은 융 심리학의 핵심 내용을 이해하기 쉽게 만들어서 큰 재미를 선사한다.

이 책에는 주인공이 세 명 등장한다. '나'로 표현되는 앙투안은 《어린 왕자》의 저자인 생텍쥐페리의 본래 이름에서 따온 것이다. 사막에 불시착한 비행기 조종사로 어른이 되고 싶지 않다고 생떼를 쓰면서 히스테리를 부리고 있는 까칠한 젊은이다. 그리고 《어린 왕자》의 진정한 주인공인 금발의 스카프를 맨 어린이가 나온다. 마지막으로 '현명한 노인'으로 불리는 마법사처럼 흰 수염을 한 지혜로운 할아버지가 있다.

그런데 어린이와 할아버지는 모두 앙투안의 상상력이 창조해 낸 인물이다. 융 심리학을 조금이라도 접해본 독자들이라면 이들은 모두 우리 마음 깊은 곳에 자리 잡고 있는 신적 존재의 이미지임을 알 것이다. 즉 원형들이다. 이러한 신적 존재들과 대화하는 기법이 '적극적 명상' 혹은 '적극적 상상'이다. 이 기법은 책 전체에 활력을 불어 넣어주고 있으며, 이를 통해 신화 속 인물들이 등장하여 이야기를 만들어 간다.

배경이 되는 사막은 특히 서양인들에게 자신과 홀로 대면할 수 있는 명상의 공간으로 알려져 있다. 《성서》가 생겨난 곳이 사막이고, 서양의 가장 오래된 고대 문명인 이집트 문화도 사막이 없다면 생각할 수 없다. 자신의 내면과 대화하며 깨달음을 추구한 수많은 사람들은 늘 사막의 고독과 고요 속에서 자신을 성장시키는 길을 찾았다. 이처럼 이 책은 주인공 앙투안이 외부와 차단된 사막이라는 공간에 불시착하면서 시작되고 사막을 떠나면서 끝을 맺는다. 사막에서 만난 것은 낮의 뜨거운 모래 바람이나 밤의 추위와 적막이 아니라, 자신의 깊은 내면에 존재하며 생명을 상징하는 영상과 소리의 이미지들이었다.

이 책은《어린 왕자》의 줄거리를 바탕으로 삼고 있지만, 이 소설에 대한 심리학적 해설에만 그치지 않고 인간의 본질적인 문제인 인격의 성장과 발달을 융의 심리학 언어로 해석하고 있다. 융심리학의 원천이 되는 고전과 문헌들이 등장하면서 흥미진진한이야기를 펼친다. 비록 소설의 기법을 사용해서 읽기 쉽게 쓰여있으나,《어린 왕자》가 쉽지만 심오한 것처럼 깊은 성찰과 내용이담겨 있다.

앙투안에게 어른이 되는 의미를 알려주기 위해《성서》의 아담과 이브부터 시작하여 초기 기독교 신비주의, 그리스 신화, 탈무드, 사막의 수행자, 쿠란, 단테의 신곡과 괴테의 파우스트 같은 서양의 여러 고전 문학과 전설, 심지어 동양 사상 등을 활용해서 융심리학이 담뿍 배인 한 편의 재미있는 작품을 만들었다.

이 책의 가장 흥미로운 점을 들라고 한다면, 그 어떤 것보다도 심리학이나 그 밖의 지식을 갖추지 않고도 얼마든지 재미있게읽을 수 있다는 것이다. 책은 어른이 되어서도 푸에르를 잊지 말라고 말하는 것 같다. 푸에르의 순진무구는 누구라도 마음속에 다가지고 있는 마음의 근원적인 이미지이지만 이것을 잊게 되면 어른의 삶은 생기를 상실하고 무미건조하고 진부해진다. 어른은 어린이와 청년을 지나서 도달하는 단계가 아니라, 그것을 간직하고 잊지 않아야 도달할 수 있는 발달 단계이다. 그래서 어떤 의미에서 진정한 어른은 드물다.

앙투안이 두려워했던 것은 생기를 잃은 어른들의 회색빛 사고방식과 전쟁과 같은 그들이 저지른 병적인 행동들이었다. 어른이 되면 어쩔 수 없이 그렇게 살 수밖에 없다는 불안감이 앙투안을 고통스럽게 만들었다. 그러나 그의 마음은 눈을 감고 내면을 들여다보면서, 푸에르에게서 오는 것이 틀림없는 상상력의 힘으로 소년과 노현자의 이미지를 만들어내어 스스로를 치유한다. 이제 앙투안이 다시 눈을 뜨고 바라본 세상은 달라져 보일 것이다. 이전과 달리 지혜의 눈을 가지고 있으니까 말이다.

상담과 심리치료를 업으로 삼으면서 틈틈이 글을 쓰고 책을 읽느라 분주하던 중에, 융 심리치료의 핵심 기술 가운데 하나인 '적극적 명상'을 이용한 리마 네토 박사의 저술을 접하게 되었다. 이 책은 한 편의 잘 만들어진 소설처럼 쉽고 재미있으면서도, 솜씨 좋게 융의 심리학 전체를 잘 요약하고 있다. 이 점에 매력을 느끼면서 읽다가 융 심리학에 관심이 많은 독자들을 위해 우리말로 책을 옮기게 되었다.

융 심리학은 어떤 심리학보다 정신이 지닌 깊이와 넓이를 잘 보여주고, 균형감을 잃지 않고 고대의 지혜를 현대의 과학과 잘 연결시키는 특징이 있다. 융은 남들이 잘 모르거나 세상이 잘 돌아다보지 않은 분야에서 특유의 박식을 과시하는 것 같이 보여서, 비단 동양 사람뿐 아니라 현대의 서양 사람들도 낯설고 어려워한다. 하지만 동서와 고금의 차이가 점차 사라지면서 정신의 전모가 드러나고 있는 현대에 그의 심리학은 인간 이해에 더 큰 빛을 던져줄 것이라는 믿음이 있다.

책 번역을 하면서 융 심리학의 이해를 위해 아낌없는 조언을 해주신 융프렌즈 일원들께 감사의 말씀을 드리고 싶다. 또한 출간을 위해 힘써주신 출판사 관계자분들께 심심한 감사를 드린다.

2023년 1월
서초동 BL심리상담센터에서
차마리

개성화 individuation

정신의 무의식 부분에 감춰진 좀 더 많은 측면의 의식을 획득하는 과정이다. 크고 작은 규모에서 모든 인간은 결코 끝나지 않는 개성화라는 여행을 따른다. 어떤 개인도 자신의 무의식에 감춰진 내용들을 모두 흡수할 수 없기 때문이다.

그림자 shadow

그림자는 융 심리학의 중심 개념이다. 인간은 선과 악의 양극을 모른 채 태어난다. 인간이 자아를 형성하는 과정을 시작할 때, 즉 선악과를 따먹을 때 무엇이 선하고 악한지를 잠재적으로 구별할 수 있게 된다. 그런 다음 성인이 되는 과정 즉 자아가 형성되는 과정에서 자기에게 적합하다고 판단한 특성을 선택하고 적합하지 않다고 생각한 그 밖의 다른 것을 억압한다. 이는 무의식적 과정이기 때문에 개인은 그가 한 선택을 깨닫지 못한다. 하지만 거절된 특성들은 정신에서 지워지지 않고 그의 무의식에 은신처를 마련하며, 융이 그림자라고 부른 것에 합쳐진다. 그림자는 인간 정신의 근원적 원형들 가운데 하나이다.

자아가 개인에 속하는 것으로 인정하지 않은 이러한 특징들은 그림자 안에 저장되기 때문에, 그림자는 그 사람의 나쁜 특성과 추한 측면만으로 구성되어 있다고 생각할 수 있다. 그런데 이는 잘못된 것이다. 그림자는 자아가 자신을 형성하는 이미지에 부적절하다고 생각하는 모든 요소들을 망라하고 있다. 여기에는 심지어 다른 이에게는 좋은 것이라 여길 수 있는 것도 포함되어 있다. 성과를 추구하고 권력을 열망하는 것으로 유명한 기업의 임원과 같은 이들은 스스로를 아주 실제적인 사람이라고 생각하고 있는 사람들로서 물질적인 재산, 돈, 권력의 축적에 순위를 매기는 사람들에게는 유용하지 않는 좋은 특성들을 평가 절하하여 억압할 수 있다. 이들의 자아는 동정심, 친절함, 다른 이들을 보살필 수 있는 능력을 거부하고 억압해서 자신들의 그림자에 은닉한다.

내향성 extroversion

정신의 내부에 있는 인격들을 잘 다룰 수 있는 사람들을 특징짓는 태도.

무의식 unconscious

융 심리학에 따르면 인간의 정신은 세 부분으로 되어 있다. 의식적인 부분인 자아와 무의식이다. 무의식은 다시 개인 무의식과 집단 무의식으로 나누어진다. 집단 무의식은 객관 정신으로 불리기도 한다.

개인 무의식에는 개인이 받아들였으나, 자신의 의식에 보존하지 않은 모든 정보가 저장되어 있다. 집단 무의식에는 인간이 지구에 처음 출현한 이래로 모든 인간에게서 물려받은 모든 정보가 저장되어 있다. 본능과 원형은 집단 무의식의 부분이다.

신경증 neurosis

자아의 공존할 수 없는 욕망들과 무의식의 콤플렉스 사이의 갈등 상황.

신비적 참여 participation mystique

사람이 자신을 하나의 개인으로 느끼지 않고 집단의 한 부분으로 간주하는 상태를 설명하기 위해 인류학자 레비브륄이 만든 용어. 그런 사람은 자아와 집단이 공생하는 상태 속에서 산다.

심리적 팽창 psychological inflation

개인이 실제의 자기보다 더 나은 존재라고 생각하는 상황. 이런 사람은 자신을 거의 반쯤은 신처럼 생각하고 자신의 능력을 넘어서도 잘 행동할 수 있다고 생각한다. 팽창은 우리가 자신의 것이 아닌 미지의 힘에 의해 부풀려져 있는 힘을 소유하고 있다는 느낌을 설명한다. 팽창의 가장 좋은 예는 태양을 향해 날아오른 이카로스이다.

아니마, 아니무스 anima, animus

인간의 정신에 있는 모든 인간들의 수호자이며, 인간의 성별 특징과 나란히 있으며, 다른 쪽의 성이 가진 특징을 보인다. 아니마 원형은 남성의 정신에 존재하고, 아니무스 원형은 여성의 정신에 존재한다. 아니마는 남성들의 여성적 측면을 인격화한 것이고, 아니무스는 여성들의 남성적 측면을 인격화한 것이다. 이 둘은 무의식에 있는 우리의 수호자 역할을 하는 원형이다. 아니마는 남성의 여성적 부분을 품고 있으며 남성의 음陰적 측면이다. 그에 반해 아니무스는 여성의 남성적 측면을 나타내며 여성의 양陽적 측면이다.

외향성 introversion

정신의 외부에 있는 사람이나 대상들을 잘 다룰 수 있는 능력을 가진 사람들을 특징 짓는 태도.

원형 archetype

이는 어려운 개념이지만 간단한 은유를 통해서 설명될 수 있다. 강바닥은 강이 아니지만 비가 쏟아질 때 물을 실어 나를 준비가 되어 있다. 물이 흐르면 그 바닥은 강을 만들 것이다.

유사한 일이 인간의 마음속에 있는 원형에 일어난다. 원형은 강바닥에 '비가 내리는' 자극을 전달한 준비가 되어 있다.

융은 원형이라는 개념은 다음과 같은 반복되는 관찰에서 유래한다고 설명한다. 즉 신화와 보편적 문학에서 다루고 있는 소재들은 지속적으로 다시 나타나는 명확한 주제들을 담고 있다. 우리는 이와 똑같은 주제들을 우리의 환상과 꿈에서 발견한다. 이러한 이미지들은 현대 인간의 정신에 나타나는 원형들의 표상이다.

자아 ego

자아는 정신의 의식적 부분의 주인 혹은 정신의 의식적 측면으로 볼 수 있다.

진아 Self

자아가 의식적 정신의 중심인 반면, 진아는 의식적 정신과 무의식적 정신의 중심이다. 우리의 의식적 마음을 안내하는 자아와는 달리 진아는 정신을 안내할 뿐이다. 진아를 이해할 수 있는 좋은 비유가 축구 코치이다. 축구 코치는 시합 전과 휴식 시간에 선수들에게 안내를 할 수 있지만, 선수 각자가 공을 가지고 있는 시간에 할 일을 직접 결정할 수는 없다.

신이 인간에게 선택의 자유를 부여했을 때 우리의 정신에 사는 인격들은 에너지와 자유의지를 갖는다. 이는 이 자유를 가진 자아뿐 아니라 우리의 무의식적 마음 안에 존재하는 다른 인격들도 그렇다. 자아나 진아도 아니마를 직접 통제할 수 없다. 그래서 우리는 진아를 설명하기 위해 보스가 아닌 축구 코치의 비유를 사용한다.

진아라는 개념은 극히 중요하다. 그것은 《성서》가 다루고 있으며 이 책에서 언급하는 심리적 신을 나타내기 때문이다. 우리가 야훼, 엘로힘, 하느님, 신을 이야기할 때면 언제나 우리는 정신의 중심적인 원형인 진아를 말하고 있는 것이다.

콤플렉스 complex

콤플렉스에 대한 전문적인 정의는 보통 사람들이 이해하기 어렵다. '무의식에 존재하는 감정을 띤 표상들의 무리.' 좀 더 느슨하게 말하면, 콤플렉스는 무의식에 살고 있는 하나의 인격이며 정신 에너지로 점점이 찍혀 있다. 이는 외부의 환경에 의해서 환기될 때 배열되어 자아의 통제를 거부하고 그 개인을 혼란에 빠트린다. 융에 따르면, 모든 이들은 사람들이 콤플렉스를 가지고 있다는 것을 안다. 그러나 오히려 콤플렉스들이 우리를 소유할 수 있다는 것은 그다지 잘 알려져 있지 않다.

콤플렉스는 하나의 원형 혹은 그 이상의 원형 주위로 뭉쳐 있는 이미지와 생각들의 집합이다. 이는 공통된 정서적 색조를 가진다는 특징이 있다. 콤플렉스들이 행동에 들어가면 즉 배열되면, 사람이 그것을 아는지 모르는지 그와는 상관없이 감정으로 드러나고 복잡한 행동을 일으킨다.

투사 projection

융이 정의하는 투사는 주관적 정신의 요소들을 외부의 문제에 무의식적으로 전이하는 것이다. 사례를 들어 이 정의를 분명하게 이해할 수 있다.

누군가 자신의 아버지를 폭군으로 지각했다고 해보자. 이 경우 지각이 옳은지 그른지는 관계없다. 성인으로서 그는 폭군처럼 행동하는 것뿐 아니라 이 특성을 사람들에게 투사하는 성향을 가질 수도 있다. 그는 자신이 하는 투사의 문제가 폭군이라는 것을, 그것이 옳은지 그른지는 아무 관계도 없이 확신할 것이다.

푸에르 아에테르누스 puer aeternus(영원한 소년)

강한 어머니 콤플렉스를 가지고 있으며, 성인으로 성장하기를 거부하고, 삶이 그의 길에 던진 장애물을 정면으로 마주하기를 원치 않는 사람을 가리킨다. 이런 사람들은 일반적으로 영웅적인 길을 선택한다. 특히 자신이 성인의 삶으로 성장하는 것을 받아 들이지 않는 것을 합리화하는 이유를 찾는다. 하늘을 나는 일은 이들에게 공통된 직업 선택이고, 이는 푸에르가 상징적으로 지상을 떠나도록 해준다.

나는 이 책이 여러분의 마음속에 더 배우고 싶다는 열망, 신화와 융의 저술에 더 깊이 입문하고 싶다는 열정을 불러 일으켰으면 좋겠다. 그래서 몇몇 중요한 책들을 짧게 소개하고 싶다(우리나라에 번역된 책을 함께 소개하며, 번역서가 다수일 때는 가장 최근에 출간된 것을 선택했다—옮긴이).

융의 심리학

이 책에서 발전시킨 생각들은 융의 가르침에 자리를 잡고 있다. 이 위대한 스위스 심리학자는 20세기에 큰 영향을 끼친 거장들 가운데 속한 인물이다. 융은 프로이트가 가장 좋아했던 동료이자 제자였으며, 현대의 인간들과 이들이 가진 콤플렉스를 설명하는 자신의 독자적 이론을 발전시켰다. 융의 가르침은 심리학자들뿐 아니라 우리 사회의 모든 지성들을 위한 것이다. 융이 창시한 분석 심리학에 대한 더 깊은 이해를 원하는 사람들을 위해 다음의 저술을 소개한다.

- Jung, C. G., et al. *Man and His Symbols*, London: Aldus Books Ltd., 1964.

  칼 구스타브 융, 김양순 옮김, 《인간과 상징》, 동서문화동판, 2016.

  — 이 책은 초보자를 위해 융과 융 학파 사람들이 쓴 융 심리학에 대한 첫 책이다. 융
  의 생각을 배우기를 원하는 이들을 위한 좋은 입문서이다. 이 책은 내가 융 심리
  학으로 들어간 문이었다. 서른다섯 살에 이 책을 읽은 뒤로 나는 융의 매력에 걸
  려들어서 융의 생각을 공부하는 데 쉼 없이 달렸다.

- Whitmont, Edward., *The Symbolic Quest*, New Jersey: Princeton University
  Press, 1978.

  에드워드 C. 휘트몬트, 김성민 옮김, 《분석심리학과 상징적 추구: 분석심리학의 기본
  개념들》, 달을 긷는 우물, 2019.

  — 이 책은 융을 좀 더 배우고 싶은 이들을 위한 두 번째 저서로 손꼽을 수 있다.

- Edinger, Edward., *Ego and Archetype*, New York, NY: Penguin Books, 1973.

  에드워드 에딘저, 장미경 옮김, 《자아발달과 원형: 정신 발달과정과 삶의 의미 창조》,
  학지사, 2016.

  — 에딘저는 융의 가장 뛰어난 문하들 가운데 한 명이었다. 그는 위에서 언급한 책
  보다 훨씬 더 깊이 융 심리학의 기본적인 개념들을 설명한다. 그래서 첫 번째로
  읽는 것을 권유하지 않는다. 융 심리학을 확실하게 파악하기 위해서는 기본적인
  이해가 필요하기 때문이다. 위에서 말한 두 책을 이미 읽은 사람이 더 깊은 이해
  를 바랄 때는 에딘저의 이 책을 소개하고 싶다.

- Edinger, Edward., *The Creation of Consciousness*, Canada Inner City Books,
  1984.

에드워드 에딘저, 김진숙·김소영 옮김, 《의식의 창조: 이 시대 융의 신화》, 돈화문출판사, 2016.
— 이 책은 위의 책을 보완하면서 이전 주제들의 의미를 더 깊게 탐색하고 있다.

• **Jung, C. G., *Collected Works*, Princeton, NJ: Bollingeb Series, Princeton University Press, 1968.**
— 이 전집은 충분한 지식이 없다면 먼저 읽지 않는 것이 좋다. 융 심리학의 박사 과정에 해당하므로 깊은 연구를 원하는 사람들에게 추천한다. 이 전집은 이해하기 어렵다. 융은 분명하게 글을 쓰려고 애쓴 사람이 아니라서 이를 읽는 사람들은 융의 생각을 사색하고 다양한 방식으로 해석할 수밖에 없다.

• **Jung, C. G., *Memories, Dreams, Reflections*, New York, NY: Random House, 1961.**
칼 구스타프 융, 조성기 옮김, 《카를 융, 기억 꿈 사상》, 김영사, 2007.
— 이 책은 반드시 읽어야 한다. 융의 내면적 삶과 외면적 삶을 시간 순서에 따라 적은 자서전이다. 어려움 없이 읽을 수 있다. 아름다운 책이다.

• **Johnson, Robert, *Inner Work*, New York, NY: Harper & Row Publications, 1986.**
로버트 존슨, 고혜경·이정규 옮김, 《내면작업: 꿈과 적극적 명상을 통한 자기 탐색》, 동연출판사, 2011.
— 이 책은 적극적 명상 기법이 설명되어 있다. 적극적 명상은 자아가 정신 안에 있는 다른 인격들과 건강한 관계를 갖기 위한 핵심적인 길이다.

신화

융 심리학은 원형들에 기초를 두고 있다. 원형들은 신화에서 포착된다. 이런 이유로 신화는 융의 생각을 이해하는 데 아주 중요하다.

- **Campbell, Joseph, *The Power of Myth*, New York, NY : Anchor Books, 1991.**

  조셉 캠벨, 이윤기 옮김, 《신화의 힘》, 21세기북스, 2020.

  — 조셉 캠벨은 융의 친구이자, 20세기에 가장 중요한 신화학자들 가운데 한 명이다. 이 책은 빌모이어스가 제작하고 영국의 BBC에서 진행한 연속 인터뷰를 기초로 해서 만든 것이다. 신화에 대한 입문으로 좋은 책이다.

- **Campbell, Joseph, *The Masks of God*, New York, NY : Penguin, 1991.**
- **Primitive Mythology, Oriental Mythology, Western Mythology, Creative Mythology**

  조셉 캠벨, 이진구 옮김, 《신의 가면 1: 원시신화》, 까치, 2003.

  조셉 캠벨, 이진구 옮김, 《신의 가면 2: 동양신화》, 까치, 1999.

  조셉 캠벨, 정영목 옮김, 《신의 가면 3: 서양신화》, 까치, 1999.

  조셉 캠벨, 정영목 옮김, 《신의 가면 4: 창작신화》, 까치, 2002.

  — 인류의 신화에 대한 종합 연구로 네 권으로 구성되어 있다.

- **Frazer, James, *The Golden Bough*, London : Macmillan Press Ltd., 1957.**

  제임스 프레이저, 박규태 옮김, 《황금가지 1》, 을유문화사, 2021.

  제임스 프레이저, 박규태 옮김, 《황금가지 2》, 을유문화사, 2021.

  — 신화학 연구의 첫 시리즈 중 하나. 엄청난 흥미로 가득 찬 책으로, 부제는 '마술과 종교의 연구'이다. 본래 구성은 13권이지만, 나는 축약판을 추천한다.

기타 참고문헌

- A. S. Kline E-book. Lines 398-417 http://www.poetryintranslation.com
- Barbara Hannah, *Encounters with the Soul : active imagination as developed by C. G. Jung*, Santa Monica, CA: Sigo Press, 1981.
- Dante Alighieri, *The Divine Comedy*, translated by Henry Wadsworth Longfellow – E-Book.
- Oliver Cavies, *Meister Eckhart The Selected Writings*, Penguin Books, London, 1964.
- Patterson, Robinson, and Bethge, *The Fifth Gospel-The Gospel of Thomas Comes of Age*, Harrisburg, PA: Trinity Press Int., 1998, saying3, p.7. 《도마복음서》)
- Saint John of the Cross, The Collected works, translated by Kieran Kavanugh, OCD, and Otilio Rodriguez, OCD, revised edition (1991). Copyright ICS Publication.
- http://www.karme.at/ics/john/dn.html
- WCCM(The World Community for Christian Meditation) (www.wccm.org)

옮긴이 참고문헌

- 단테 알리기에리, 박상진 옮김, 《신곡》, 민음사, 2007.
- 바바라 한나, 이창일·차현희 옮김, 《융의 적극적 명상》, 학지사, 2020.
- 십자가의 성 요한, 최민순 옮김, 《어둔 밤》, 바오로딸, 1993.
- 요한 볼프강 폰 괴테, 정서웅 옮김, 《파우스트 1》, 민음사, 2009.
- 최영길 역주, 《꾸란 주해》, 세창출판사, 2010.

1. 의학박사. 브라질 리우데자네이루의 융 학회 회장. 대표 저술로는 《가족 치료: 신화, 상징, 원형》이 있다.

2. 진아 Self는 의식과 무의식을 합한 정신 전체의 중심을 가리킨다. 의식의 중심인 '자아'와 운을 맞춰서 '진아'로 표기한다. '본연의 나', '참 나'라는 의미를 지닌다.

3. 카발라Kabbalah는 유대교 신비주의 사상을 가리키고, '절대 무無'라는 뜻의 아인 소프Ain Sof는 인간의 인식으로 파악할 수 없는 상태이자 통상적으로는 신을 의미한다.

4. 《어린 왕자》의 헌사에는 '어른이 되기 전, 어린이였을 때의 레옹 베르테르에게' 바치는 것으로 되어 있다.

5. 그노시스Gnosis는 기독교 이전의 다양한 신비주의를 가리킨다. 영지주의라고도 불리며, 영지靈知는 '영적인 지식'이라는 뜻이다.

6. 《도마복음》은 '토마스(도마)에 의한 복음서Gospel According to Thomas'라고도 한다. 현재의 《신약성서》에 포함되지 않은 외경 가운데 하나이다. 예수의 열두 제자

중 한 사람인 유다 토마스(도마)가 기록한 것이며, 114개의 장으로 이루어져 있다. 1945년 이집트 나그함마디에서 발견되었고, 예수의 생생한 말씀 안에 그노시스 사상이 담겨 있다.

7. 샹그릴라Sangri-La는 히말라야에 존재한다는 이상향이며, 티베트어로 '마음속의 해와 달'이란 뜻이다.

8. 〈마태복음〉 18장 3절.

9. 숫자 7의 상징은 셈족(유대교, 기독교, 이슬람교 등을 만든 종족)의 문화에서 특히 잘 나타나 있다. 이집트에서 사후 저승에 갈 때는 7마리 암소의 마중을 받고, 7명의 신과 7마리의 뱀을 만난다고 한다. 《성서》에서 7은 천지창조의 수이다. 이스라엘이 여리고 성을 파괴할 때도 7일간 성을 돌며 7일째는 7번 돌았다. 〈요한계시록〉에서는 7명의 천사, 7 교회, 7 촛대, 7인, 7 나팔, 7 머리, 7 산 등이 나온다. 7은 삼위일체(성부, 성자, 성령)의 3과 4방위(동서남북)를 합한 우주적인 수이며, 천지창조에 따라 7일은 안식일이고, 7년이 될 때는 논밭을 쉬게 하였으며, 7년의 7번을 지난 49년째는 경사스러운 해로 기념했다. 오늘날에도 럭키 세븐lucky seven은 행운의 수이며, 미국에서 회계연도와 학기는 7월에 시작한다. 축복이 내린 수로 완전함과 평화를 상징하기 때문이다.

10. 타이탄Titan은 제우스의 올림포스 신들 이전에 세상을 지배했던 거인 모습의 신들이다.

11. 테세우스Theseus는 그리스 신화에 나오는 아테네의 영웅이다. 미노타우로스를 죽이고, 미노스 왕의 딸 아리아드네가 준 실타래를 이용해서 미궁을 탈출한 모험으로 유명하다.

12. 파울라 박사는 이 책의 〈추천사〉를 쓴 융 학파 정신과 의사이다.

13. 고귀한 야만인noble savage은 문명이 없는 자연 상태(야만)에서도 인간성은 근본적으로 선하다는 사상이다.

14. 임사체험near-death experience은 죽음에 이르렀다가 다시 살아난 체험을 가리킨다. 이 체험을 통해 삶의 소중함을 느끼고 인격 전체가 긍정적으로 변하게 된 사례가 많이 보고되었다.

15. 베데 그리피스Alan Bede Griffiths(1906~1993)는 기독교와 동양 종교(불교, 힌두교)를 영성의 관점에서 접목한 기독교 사상가이자 수도승이다.

16. 아쉬람ashram은 인도 종교 전통의 한 분파로 세속에서 얼마간 떨어진 은둔 수행이나 공동체를 일컫는다.

17. 세계기독교명상협회 www.wccm.org 참고.

18. 아람어Aramaic language는 예수와 제자들이 생전 당시에 사용한 언어로, 고대 시리아의 언어 계열에 속한다.

19. 에크하르트Meister Johannes Eckhart(1260~1327)는 말을 하지 않고 하느님의 임재를 기다리고 경험하는 '관상 기도'로 유명한 신비주의 철학자이다. '마이스터'는 독일에서 최고 전문가에게 붙이는 존칭이다.

20. 《마이스터 에크하르트 저작집》 중에서 발췌.

21. 〈누가복음〉 6장 5절.

22. 융의 자서전 《기억, 꿈, 사색》 중에서 발췌(한국어 번역본: 칼 구스타프 융, 조성기 옮김, 《카를 융, 기억 꿈 사상》, 김영사, 2007).

23. 《신곡》 제1곡 중에서 발췌.

24. 《파우스트》 중에서 발췌.

25. 장 앙투안 바토Jean-Antoine Watteau(1684~1721)는 르네상스 시기 프랑스의 화가다. 종교적인 주제보다는 상류 사회에서 펼쳐지던 풍속이나 취미에 적합한 당대 현실과 세속적인 것을 개인적인 시선으로 그렸다.

26. 십자가의 성 요한St. John of the Cross(1542~1591)은 에스파냐의 아빌라Avila 근교에서 태어났다. 청빈한 수도원의 개혁에 앞장섰다가 반대 세력에 납치되어 톨레

도Toledo 수도원 다락방에 감금되었다. 여기에서 1578년 8월까지 9개월간 '영혼의 어두운 밤'을 체험한다.

27. 십자가의 성 요한 지음, 최인순 옮김, 《어둔 밤》, 바오로딸, 2019, 8~9쪽.

28. 쿠란Qur'an은 이슬람교의 경전으로 창시자 무함마드Muhammad(570~632)가 천사의 계시를 듣고 읽은 것을 정리한 것이다. '쿠란'이라는 명칭 자체가 '읽은 것'이라는 뜻이다. 114장으로 구성되어 있다.

29. 《쿠란》 18장 66절~82절.

30. 성 크리스토퍼Saint Christopher(251년경 추측)의 이름은 '그리스도를 어깨에 짊어지고 간다'라는 뜻이다. 그래서 여행자들과 운전자들의 수호성인이다. 보통 늑대인간이나 사냥개로 그려지는 경우가 많으며, 로마제국 때 순교했다고 알려져 있다. 축일은 7월 25일(가톨릭) 혹은 5월 9일(동방정교회)이다.

31. 태모太母, Great Mother는 자녀를 자신의 땅(피)에서 나가지 못하게 가두어두는 원시적인 특성을 가진 '어미'이다. 자녀를 자신의 자궁 속으로 되돌리려고 한다. 신화, 꿈, 공상 등에서 이는 '삼켜져 배 속'으로 들어가는 주제를 이루며, 용이나 뱀, 물고기 및 고래의 이미지로도 자주 등장한다. 개인의 발달을 가로막는 모든 속박즉 혈연, 지연, 학연 등과 같은 '연줄'을 중시하는 사고방식이다.

32. 유대인의 신비주의 전통에 따르면, 인간이 탄생할 때 수호천사는 아기의 얼굴에 천사의 손가락finger of angel 자국을 남긴다. 그렇게 해서 이전 생의 기억들을 잊게 만들고, 가벼운 마음으로 새로운 생을 시작할 수 있게 해준다. 천사가 손가락으로 남긴 자국이 입술 위의 '인중'이다. 여기서는 뱀이 수호천사의 역할을 하면서 어린 왕자를 새롭게 탄생시켜준다는 의미로 쓰이고 있다. 실제로는 뱀에 물려 죽게 한 뒤 별에 다시 태어나게 해주려는 것이다.

33. 적극적 명상active imagination은 '적극적 상상'이라고도 불린다. 무의식의 내용을 의식으로 불러오는 방법이며 융이 창안했다. 이 방법은 멀리 원시 시대 종교의

체험과 연금술사들이 물질을 다루는 기법에 기원을 두고 있지만, 과학의 시대에 이르러 사라졌다가 분석심리학의 재발견 이후 심리치료의 한 방법으로 계승된 것이다. 예술의 창조적 창작 행위와 보통 사람들이 꿈을 통해 만들어내는 이야기가 적극적 명상의 가장 자연스럽고 원초적인 모습이다.

34. 심인성心因性은 병의 원인이 신체의 생리적인 측면의 인과관계로 설명되지 않거나 해명하기 어렵고, 심리적인 요인에 의해서만 설명되는 경우를 말한다.

35. 《도마복음》 55장.

36. 나그함마디 문서는 1945년 이집트 나그함마디 마을 근처에서 발견된 초기 기독교 그노시스의 복음서들이다. 《도마복음》은 가장 대표적인 문서로 예수의 어록을 담고 있으며, 나그함마디 문서에서만 완전한 형태로 보존되고 있다. 융은 이문서의 존재를 잘 알고 있었고, 이는 그의 사상에 큰 영향을 미쳤다.

37. 성스러운 금요일holy day of Good Friday은 '성금요일'이라고도 불리며 예수가 십자가에 못 박혀 죽은 일을 기념하는 날이다. 끔찍한 날이지만, 이로 인해 하느님과 죄를 진 인간의 관계가 회복되었으므로 중요하게 여긴다. 또는 아담과 이브가 에덴에서 추방된 날이 금요일이라서, 그리스도가 그들의 죄를 속죄하기 위해 금요일에 죽었다는 전설도 있다.

38. 그림자shadow는 인간이 태어나 자라나면서 자아를 형성할 때 자아가 되지 못한 부분들을 가리킨다. 자아는 삶의 중심이 되면서 세상과 관계를 맺으며 스포트라이트(빛)를 받는다. 그러나 자아가 될 뻔했지만 여기서 탈락한 부분들은 비유하자면 음지의 세계 즉 그림자 세계에 떨어져서 주목을 받지 못하고 정신의 한쪽 구석에 웅크리고 있게 된다. 그래서 그림자는 '빛'을 받지 못해, 다소 기형적이고 열등하며 추하기까지 한 어두운 특성을 가지게 된다. 그림자가 인간을 지배하면, 그 특성대로 열등하고 기형적이며 추한 일을 벌이게 된다. 그래서 위험하다. 하지만 자아가 편견을 가지지 않고 그림자와 소통하고 화해한다면 기존 자아에 새

로운 에너지를 공급하게 된다. 이를 '황금 그림자'라고 한다. 그림자가 자아의 세계를 위협할 때, 보통 인간은 시련을 겪게 된다. 시련을 잘 겪게 되면 즉 자신의 내면을 잘 돌보게 되면, 새로운 나로 다시 태어날 수 있다.

39. 클레멘스 1세는 로마의 클레멘트Clement of Rome라고도 불리는 기독교의 첫 번째 교부(교회의 아버지)다. 교리의 정립과 교회 발전에 큰 역할을 했다. 로마제국이 바다에 던져 순교했다고 알려져 있다.

40. 〈욥기〉 1장 11절~12절.

41. 〈욥기〉 1장 21절.

42. 가죽은 인간 존재를 은유적으로 나타낸 것이다. 겉가죽은 물질적 축복이고 속가죽은 욥 자신의 생명이다.

43. 〈욥기〉 2장 4절~6절.

44. 저자가 공개한 메일 주소를 통해 저자와 직접 이야기를 나눌 수 있다. rlimanetto@gmail.com

융 심리학으로 다시 쓴 어린 왕자

내 마음도 모른 채 어른이 되었다

1판 1쇄 인쇄 2023년 1월 4일
1판 1쇄 발행 2023년 1월 11일

지은이 로베르토 리마 네토
옮긴이 차마리
펴낸이 고병욱

기획편집실장 윤현주 **책임편집** 한희진 **기획편집** 김경수
마케팅 이일권 김도연 김재욱 오정민 복다은
디자인 공희 진미나 백은주 **외서기획** 김혜은
제작 김기창 **관리** 주동은 **총무** 노재경 송민진

펴낸곳 청림출판(주)
등록 제1989-000026호

본사 06048 서울시 강남구 도산대로 38길 11 청림출판(주)
제2사옥 10881 경기도 파주시 회동길 173 청림아트스페이스
전화 02-546-4341 **팩스** 02-546-8053
홈페이지 www.chungrim.com
이메일 cr2@chungrim.com

ISBN 979-11-5540-211-5 03180